Katharina Kölner

Kochen und backen im Heißluftherd

Vorteile, Gebrauchsanleitung, Rezepte

FALKEN VERLAG

Das Titelbild zeigt einen der Vorteile eines Heißluftherdes: Man kann verschiedene Gerichte gleichzeitig zubereiten, wenn die erforderliche Temperatur etwa übereinstimmt.

Die Autorin dankt der Firma Philips für die Unterstützung bei den Arbeiten an diesem Buch.

CIP-Kurztitelaufnahme der Deutschen Bibliothek

Kölner, Katharina:
Kochen und backen im Heißluftherd: Vorteile, Gebrauchsanleitung, Rezepte / Katharina Kölner.
– Niedernhausen (Ts.): Falken-Verlag, 1981.
(Die Falken-Bücherei)
ISBN 3-8068-0516-4

ISBN 3 8068 0516 4

Gesamtherstellung: Neuwieder Verlagsgesellschaft mbH, Neuwied

817 2635 4453 6271

Inhalt

Vorbemerkungen

Um moderne Geräte ausnutzen zu können, muß man wissen, was sie alles leisten können. Erst dann kann man sie zeit- und energiesparend einsetzen. Dies gilt für alle Küchengeräte, im besonderen aber für den modernen Heißluftherd. Er bietet gegenüber dem klassischen elektrischen Backofen zahlreiche Vorteile, die sich die Hausfrau zunutze machen sollte.

Der Heißluftherd zeichnet sich besonders dadurch aus, daß er die Wärme gleichmäßig im gesamten Backofeninneren verteilt. Dies macht es möglich, verschiedene Gerichte gleichzeitig zuzubereiten. Einige Beispiele für eine solche Kombination enthält dieses Buch. An Hand einer detaillierten Temperaturübersicht kann sich der Leser sein »Kombinationsmenü« auch selbst zusammenstellen.

Aber auch beim Backen ist der Heißluftherd den älteren Modellen weit überlegen. Durch die gleichmäßige Heißluftzirkulation erhalten zum Beispiel alle Plätzchen der drei übereinandergeschobenen Backbleche die gleiche schöne Farbe.

Die zahlreichen Rezepte in diesem Buch sind übersichtlich gegliedert und so ausführlich abgefaßt, daß auch die weniger erfahrenen »Köche« in die Lage versetzt sind, köstliche Resultate zu erzielen. Sie und Ihre Familie werden schon bald von den Vorteilen des Heißluftherdes profitieren.

Eine grundsätzliche Bemerkung ist noch nötig. Die Rezepte in diesem Buch sind so abgefaßt, daß die Gerichte mit allen Heißluftherden zubereitet werden können. Die Autorin hat die folgenden Rezepte mit einem Philips-Heißluftherd ausprobiert. Sollten sich bei anderen Modellen Abweichungen von den hier genannten Gar- beziehungsweise Backzeiten ergeben, sollte der Benutzer die jeweiligen Betriebsanleitungen seines Modells beachten.

Bei den Zutaten der Rezepte wurden folgende Abkürzungen verwendet:

TL — Teelöffel
EL — Eßlöffel
l — Liter
kg — Kilogramm
g — Gramm

Der Heißluftherd hat viele Vorteile

Der klassische elektrische Backofen ist ein abgeschlossener Raum, in dem oben und unten Heizelemente eingebaut sind (siehe Farbtafel I, Abb. 1). Die im Backofen vorhandene Luft wird erhitzt, was einige Zeit in Anspruch nimmt. Deshalb wird auch im allgemeinen empfohlen, den Backofen erst einmal vorzuheizen.
Der Backofen ist vorgeheizt, wenn die Thermostatlampe zum ersten Mal erlischt. Warme Luft hat die Eigenschaft hochzusteigen, wodurch die Temperatur im Backofen oben höher ist als unten. Hier bilden die verschiedenen Einschiebeleisten einen Ausgleich. Das heißt, die Wahl der Einschiebeleiste ist wichtig für das Gelingen des Gebäckes.
Es erklärt, weshalb der Boden einer Torte manchmal etwas schwer gar wird, während die Oberfläche schon goldbraun ist. Da die Luft im Backofen nicht zirkuliert, ist es auch unmöglich, mehrere Backbleche gleichzeitig zu verwenden, denn zwischen den Backblechen bildet sich nämlich eine Kaltluftschicht. Die Plätzchen auf dem oberen Backblech werden oben braun, während die auf dem unteren Backblech nur Unterhitze bekommen und von oben blaß bleiben.
Die Wirkung des Heißluftherdes (Farbtafel I, Abs. 2) beruht auf einem ganz anderen Prinzip. In der Rückwand im Backofen befinden sich ein Heizelement und ein kräftiger Ventilator.
Beides durch ein Trennblech vom Backofeninnenraum abgeteilt. Dieses Blech ist in der Mitte, das heißt vor dem Ventilator gelocht, damit der Ventilator hier Luft ansaugen kann, die erhitzt wieder über spezielle Öffnungen konzentriert in den Innenraum des Backofens abgegeben wird. Auf diese Weise zirkuliert die Luft ständig im gesamten Backofeninnenraum, wobei sie immer wieder an dem Heizelement auf die gewählte Temperatur gebracht wird.

Farbtafel I: **Die Wirkungsweise des konventionellen Backofens** *(Abb. 1)* **im Vergleich mit der modernen Heißluftbackmethode** *(Abb. 2–4)*.

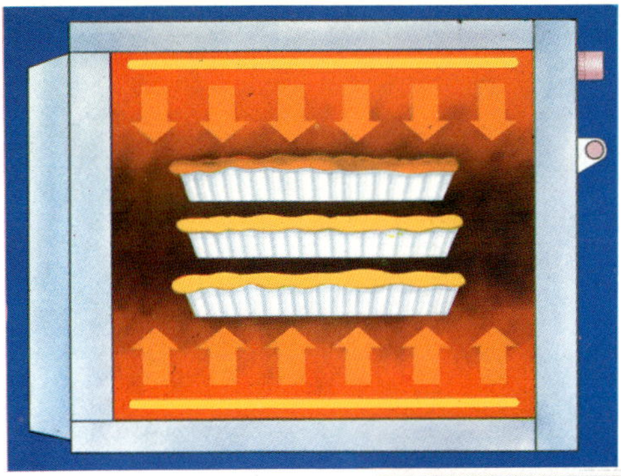

Abbildung 1:
Konventionelle Backmethode mit Ober- und Unterhitze und Kälteluftschichten zwischen den Einschüben

Abbildung 2:
Moderne Backmethode mit Heißluft, die ständig im gesamten Garraum zirkuliert

Abbildung 3:
Gleichmäßige Heißluft von allen Seiten

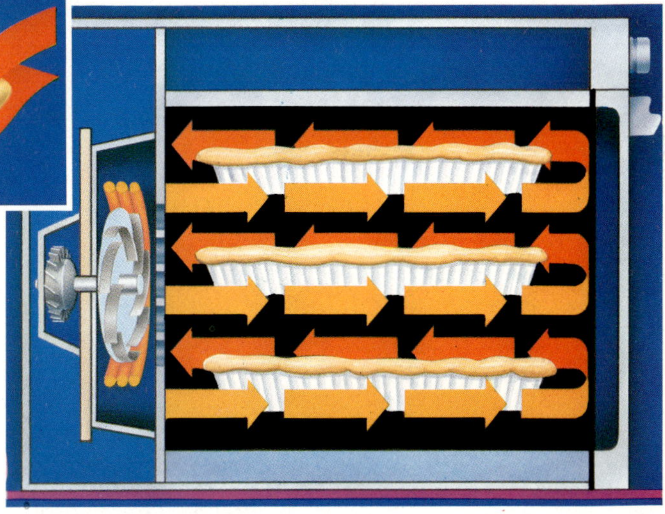

Abbildung 4:
Beim Heißluftsystem gibt es keine Kältezonen. Alle Einschübe können gleichzeitig genutzt werden. Keine Geruchsübertragung.

Der Heißluftbackofen bietet viele praktische Vorteile:

Schnelles Aufheizen

Der Backofen hat sehr schnell die gewählte Temperatur erreicht.

- Vorheizen ist deshalb bei einem Heißluftofen in den meisten Fällen überflüssig.
- Die Backofentür darf während des Backens oder Bratens ohne weiteres geöffnet werden, die heiße Luft zirkuliert weiterhin um das Back- und Bratgut und schützt es so vor dem Einfluß der Kaltluft. Auch empfindliches Gebäck kann so keinen Schaden leiden.

Sehr gleichmäßige Temperatur

Durch die verstärkte Zirkulation der Heißluft ist die Temperatur des ganzen Backraums sehr gleichmäßig.

- Die Einschiebhöhe spielt keine Rolle mehr für das Backergebnis, da die Temperatur im gesamten Backraum gleichmäßig ist. Damit können alle Einschiebeleisten gleichzeitig genutzt werden.

Erwärmt intensiv

- Die warme Luft ist überall und »umspült« die Gerichte von allen Seiten.
- Ohne jede Schwierigkeit können mehrere Backbleche, Backformen oder Schüsseln gleichzeitig in den Ofen gestellt werden.

Niedrige Temperaturen

- Die Wärmeübertragung ist sogar so intensiv, daß beim Backen oder Braten ohne weiteres niedrigere Temperaturen eingestellt werden können, als es bei konventionellen Backöfen vorgeschrieben ist. In der Praxis heißt das, daß Sie die Temperaturen, die Sie bisher für Ihre Rezepte gebraucht haben, um 25° niedriger einstellen können.

Keine Geschmacksübertragung

- Dadurch, daß die Luft in Zirkulation bleibt und immer wieder an dem Heizelement vorbeikommt, werden die Düfte immer wieder neutralisiert. So findet keine Geruchs- oder Geschmacksübertragung statt. Das heißt, daß Sie im Heißluftofen ohne Bedenken völlig verschiedene Gerichte gleichzeitig zubereiten können, vorausgesetzt natürlich, daß die erforderlichen Temperaturen in etwa übereinstimmen (siehe Titelbild; Fisch, Pizza und Kuchen bilden eine Ofenfüllung).

Drehspieß überflüssig

- Fleisch, Wild oder Geflügel werden so schnell und intensiv durch die Heißluft von allen Seiten erreicht, daß sich direkt und sehr intensiv die Oberfläche des Kochgutes verschließt, dadurch kaum Saft verloren geht und schonend, gleichsam wie in einem Schutzmantel, gebraten wird. Ein Drehspieß ist damit überflüssig geworden.

Das Zubehör

- Die Bratpfanne teilweise mit eingelegtem Bratrost wird benutzt, wenn Sie Fleisch, Wild oder Geflügel zubereiten möchten.
  Regelmäßiges Übergießen ist nicht notwendig, da die Hitze von allen Seiten gleichmäßig auf das Gargut auftrifft.
  Wollen Sie von irgendeinem Gericht große Mengen zubereiten, kann die Bratpfanne auch sehr gut als Ofenform verwendet werden. Gefüllte Paprika oder Tomaten, Auberginen usw. können Sie gut in Reihen in die Bratpfanne stellen.

- Der Inhalt einer Kilopackung Pommes frites auf zwei Backblechen verteilt und in einem Heißluftofen wunderschön gebräunt – ist gesünder und nicht so zeit- und arbeitsaufwendig.

- **Der Rost** wird an erster Stelle als Unterlage für Auflaufform und Backformen benutzt. Weiter wird er zum Braten von größeren Stücken Fleisch, wie Roulade oder Roastbeef, mit wenig Fett oder Butter benutzt. Vergessen Sie aber in diesen Fällen nicht, eine Bratpfanne oder ein Backblech als Tropfbecken zu benutzen.

- **Das Backblech** benutzen Sie vor allem zum Backen von Plätzchen und Kuchen, aber auch zum Backen von anderem Gebäck wie Windbeutel, aufgerollte, geformte Kuchen, Pasteten, Pizzas. Kurzbratstücke wie Schnitzel, Kotelett, Würstchen, Leber legen Sie ebenfalls auf das gefettete Backblech.
  In Ihrem Heißluftherd können Sie ohne Bedenken zwei oder sogar drei Backbleche übereinander verwenden. Die Heißluft zirkuliert gleichmäßig durch den ganzen Backofen. Die Plätzchen bekommen eine schöne Farbe, ob sie nun auf dem oberen oder unteren Backblech liegen (Farbtafel I, Abb. 2–4).

- **Die Schutzplatte** muß nur beim Grillen an der Vorderseite der Backofentür unter den Schaltelementen befestigt werden. Sie verhindert, daß die Schalterknebel des Herdes durch die ausströmende Hitze zu warm werden.

Grillen mit Heißluft

Das Grillelement befindet sich an der Decke des Backofens. Es hat ein großes Heizvermögen und kommt sehr schnell auf Temperatur. Durch die intensive infrarote Strahlung werden die Gerichte schnell von oben geröstet.

In Ihrem Heißluftherd werden Sie das Grillelement wohl hauptsächlich für das schnelle Zubereiten von speziellen Gerichten, die nur von oben gebräunt werden sollen, einsetzen. Kleinere, aber nicht zu dünne Stückchen zartes Fleisch, wie Steak, Entrecote, Kotelett und Hühnerschlegel oder Fischstücke lassen sich selbstverständlich auch sehr gut grillen.

Wenn es sich um Snacks handelt, können Sie mit Ihrem Grillelement Ihrer Phantasie freien Lauf lassen. Denken Sie zum Beispiel an »Toast« (= dünn geschnittene Weißbrotscheiben mit Schinken, Tomaten und Käse).
Der Grill leistet auch gute Dienste beim Überbacken von Gerichten, die schon warm sind, aber noch schnell eine Kruste haben sollen.

Wenn Sie grillen, halten Sie sich am besten an folgende Regeln:

1. Befestigen Sie die Schutzplatte an der Vorderseite Ihres Backofens unter der Schalterblende.
2. Wählen Sie die richtige Höhe des Rostes. Zwischen dem Grillelement und zu grillendem Fleisch muß ein Abstand von ungefähr 8 cm sein. Stellen Sie die Bratpfanne als Trockenbecken darunter.
3. Heizen Sie das Grillelement drei Minuten vor.
4. Schieben Sie das Grillgut in der richtigen Entfernung unter das Grillelement.
5. Der Grillprozeß verläuft schnell. Behalten Sie das Grillgut stets im Auge, so daß Sie sehen, wann es gewendet werden muß oder gar ist.

Gegrillt wird mit etwas geöffneter Backofentür, damit die Feuchtigkeit – die bei jedem Garprozeß entsteht – schnell abziehen kann. Diese Feuchtigkeit verhindert beim Grillen die Bräunung. Durch die trockene Strahlungshitze erhält Gegrilltes einen besonders aromatischen Geschmack.

Heißluft in der Praxis

Mit dem notwendigen Wissen über die neue Heißlufttechnik können Sie nun daran gehen, die ersten praktischen Erfahrungen selbst zu sammeln. Sie werden feststellen, daß das Backen oder Braten in einem Heißluftherd viel einfacher und leichter ist, als sie es sich vorgestellt haben.

Die Rezepte in diesem Buch sind ziemlich ausführlich beschrieben, so daß auch die weniger Erfahrenen genügend Anleitung finden und zu einem guten Erfolg gelangen.
Denjenigen, die mehr Erfahrung haben, reicht aller Wahrscheinlichkeit nach die folgende deutliche Temperaturübersicht. Die Übersicht gibt an, welche Temperatur zu welchem Gericht gehört und auch welche Gerichte eventuell gleichzeitig im Backofen zubereitet werden können.

Die Temperatur in Ihrem Heißluftherd wird thermostatisch geregelt und kann sehr genau eingestellt werden. Die Temperaturen, die bei den verschiedenen Rezepten angegeben werden, sind jedoch Durchschnittswerte. Kontrollieren Sie einige in Ihrem eigenen Ofen. Backen oder braten Sie daher erst mit der angegebenen Temperatur. Stimmt die Back- oder Bratzeit überein mit der angegebenen Zeit, dann können Sie für alles, was Sie weiter in Ihrem Ofen zubereiten wollen, immer die angegebene Temperatur einhalten.

Stellen Sie in Ihrem Fall fest, daß Sie längere oder kürzere Zubereitungszeiten brauchen, um das gewünschte Ergebnis zu erreichen, dann berücksichtigen Sie dies in Zukunft bei der Zubereitung Ihrer Speisen. Ist die Zubereitungszeit länger, kann die Temperatur etwas höher eingestellt werden.
Sie und Ihre Familie werden schon bald erstaunt sein über die guten Resultate Ihrer Back- und Bratkunst.

Temperaturübersicht

50–100°

- O das Aufgehen von Hefeteig
- O Auftauen von tiefgefrorenen großen Fleischstücken und Geflügel
- O Warmhalten von Speisen
- O Warmhalten von Schüsseln und Tellern
- O Trocknen von Baiser

125°

- O Zubereiten von Pasteten
  - Pâté du Chef
  - Italienische Pastete
- O Dünsten von Huhngerichten
- O Schmoren von Fleischgerichten
  - Gulasch
- O Backen von
  - Kokosmakronen
  - Käseplätzchen
- O Paniermehl

150°

- O Braten von Pute
- O Braten von Fleisch
  - Schweinefilet
  - Schweinerouladen
  - Schweinefricandeau
  - Rinderroulade
- O Aufläufe, deren Inhalt kalt, jedoch gar ist:
  - Kartoffelpüree
  - Spinatauflauf mit Hackfleisch
  - Ungarischer Sauerkrautauflauf
  - Sauerkrautauflauf Hawaii
  - Heißer Blitz-Auflauf
- O Nachspeisen
  - Bratäpfel
  - Baba au Rhum
- O Backen von
  - Korinthenbrot
  - Jan Hael
  - Butterplätzchen
  - Sandkuchen
  - Schwarz-Weiß-Kuchen

175°

- Dünsten von Fisch
- Kochen von Gerichten
  - Tomatensuppe
  - Gemüsesuppe
  - Champignonsuppe
  - Kartoffel
- Aufläufe, wovon noch nicht alle Zutaten gar sind:
  - Gefüllte Tomaten
  - Gefüllte Paprikas
  - Gratin Dauphinois
  - Risotto
- Nachspeisen
  - Rhabarberauflauf
- Backen von
  - Aprikosenkuchen
  - Aufgerollter Kuchen
  - Kletskopjes
- Braten von
  - großen Fleischstücken
  - Schweinekamm usw.
  - Hähnchen
- Backen von
  - Hefekuchen auf dem Blech

200°

- Schmoren von Fischaufläufen
  - Fischfilet au gratin
  - Fisch Topignon
- Rösten von
  - ganzen, ungeschälten Kartoffeln
- Frisches Pariser Brot
- Backen von
  - Windbeutel
  - Butterkuchen
  - Brot
  - Schweizer Apfelkuchen
  - Quiche Lorraine

225°

- Braten von
  - Lammkeule
- Backen von
  - Pommes frites
- Panierte Kurzbratstücke wie
  - Kotelett
  - Schnitzel
  - Leber
- Backen von
  - Pizza

250°

- Braten von rotem und rosa Fleisch
  - Rinderfilet
  - Lende
  - Roastbeef
  - Steak
- Rösten von
  - Weiß- und Graubrotscheiben
- Überbacken von
  - Toastbroten

Verschiedene Gerichte gleichzeitig zubereiten

Wenn Sie Ihren Backofen optimal nutzen wollen und energiebewußt denken, so sollten Sie natürlich versuchen, verschiedene Gerichte gleichzeitig in Ihrem Backofen zuzubereiten.
Gerichte, die die gleiche Temperatur brauchen, kommen dafür natürlich in erster Linie in Betracht. Es ist allerdings auch möglich, sonstige Gerichte gleichzeitig im Backofen zuzubereiten, die in der vorgeschriebenen Temperatur um etwa 20° auseinanderliegen. Sie wählen dann die Temperatur der empfindlicheren Speise. Wie schon vorher bemerkt, können Sie Ihren Heißluftherd während des Back- oder Bratprozesses ohne Bedenken kurz öffnen, um ein Gericht herauszunehmen oder eins hineinzustellen. Das Gargut im Backofen wird – da der Ventilator auch bei geöffneter Backofentür für die Heißluftzirkulation sorgt –weiterhin von der heißen Luft umspült und somit geschützt.
Bestimmen Sie zuvor, in Anbetracht des verfügbaren Backofeninnenraumes, welche Töpfe, Formen oder Schüsseln Sie benutzen wollen und überlegen Sie sich gleichzeitig, wie Sie diese am besten in den Backofen stellen können. Im folgenden sind einige Kombinationsmöglichkeiten aufgeführt. Wie Sie sehen, ist es sogar möglich, ganze Mahlzeiten mit Suppe und Nachspeise im Ofen zuzubereiten.

125° Gulasch
Kartoffelpüree
Rhabarberkuchen

150° Gebratenes Huhn
Kartoffelpüree

175° Gemüsesuppe
Gedünsteter Fisch
Aufgerollte Kuchen

175° Tomatensuppe
gekochte Kartoffeln
Schweinefilet mit Paprikasahnesauce
Bratäpfel mit Custard

175° Champignonsuppe
Gefüllte Paprikas
Risotto
Rhabarberauflauf

200° Fisch Topignon
Geplatzte Kartoffeln
Schweizer Apfelkuchen

Farbtafel II: **Gefüllte Paprikaschoten.** *Rezept auf Seite 28.*

Toastbrote

Toastbrote können unter dem Grill oder mit 250 °C im Heißluftherd zubereitet werden.

Toastbrote unter dem Grill

Grillelement 3–5 Minuten vorheizen, Weißbrotscheiben auf den Grillrost legen und von einer Seite antoasten.
Einschiebeleiste: oben
Grillrost mit Wölbung nach oben
Zubereitungszeit: 1–2 Minuten.

Nach dem Auskühlen wird die ungetoastete Seite der Weißbrotscheibe mit Butter bestrichen und je nach Rezept belegt.
Nun die Toastbrote wieder auf den Grillrost legen und je nach Belag unter dem vorgeheizten Grillelement – in gebührendem Abstand – in 4–6 Minuten grillen beziehungsweise überbacken.

Toastbrote im Heißluftherd

Die Weißbrotscheiben werden nicht vorgetoastet, da mit dem Überbacken die Unterseite in einem Arbeitsgang mit angeröstet wird.
Vorteil: Die Brote sind immer durch heiß, die Rostfläche kann insgesamt belegt werden, der Käse zerläuft, ohne braun zu werden, Toast gelingt gleichgut in jeder Einschiebeleiste, das Überbacken der Toastbrote kann ohne Aufsicht erfolgen.

Nachfolgend finden Sie die Angaben für die Zubereitung der Toastbrote im Heißluftherd.

Snack Hawaii

Zutaten

4 Scheiben Weißbrot
Butter zum Bestreichen
4 Scheiben Schinken
4 Scheiben Ananas
4 Scheiben Käse, z.B. Chester
Paprika
Saure Gurken

Zubereitung

Legen Sie auf die mit Butter bestrichene Scheibe Weißbrot eine Scheibe Schinken, Ananas und zum Abschluß Käse.
Nach der Zubereitung bestreuen Sie den Snack mit Paprikapulver und garnieren ihn mit fächerförmig aufgeschnittenen Gurken.
Die Toastbrote legen Sie auf den Grillrost und schieben den Rost in eine beliebige Einschiebeleiste.

Temperatur: **250° vorgeheizt**
Zeit: **6–7 Minuten**

Snack Pizza

Zutaten

4 Scheiben Weißbrot
Butter zum Bestreichen
8 Scheiben Salami
2 Tomaten
Salz
Pfeffer
4 Scheiben Käse
Oregano
Olivenöl

Zubereitung

Legen Sie auf das mit Butter bestrichene Weißbrot einige Scheibchen Salami, darauf Tomatenscheiben, die leicht mit Salz und Pfeffer bestreut werden, und 1 Scheibe Käse. Bestreuen Sie den Käse mit etwas Oregano und gießen über jeden Snack etwas Olivenöl.

Temperatur: **250° vorgeheizt**
Zubereitungszeit: **5–6 Minuten**

Snack Germany

Zutaten

4 Scheiben Brot
Butter zum Bestreichen, Leberwurst
1 Apfel in 4 Scheiben geschnitten und mit Zitronensaft betropft
6–8 Streifen mageren durchwachsenen Speck
feingehackte Zwiebeln

Zubereitung

Bestreichen Sie die Weißbrotscheiben mit Butter und danach mit Leberwurst, darauf legen sie eine Scheibe Apfel (1 cm) und darauf 2 Streifen durchwachsenen Speck in der Toastscheibengröße, mit den Fettseiten zueinander. Nach der Zubereitung garnieren Sie die Snacks mit feingehackten Zwiebeln.

Temperatur: **250° vorgeheizt**
Zubereitungszeit: **ca. 6 Minuten**

Cheeseburger

Zutaten

2 runde weiche Brötchen
Butter zum Bestreichen
300 g Rind-Gehacktes zum Rohessen
1 kleine gehackte Zwiebel
1 TL Kapern, gehackt
1 Eigelb, 1 EL Öl
Pfeffer, Paprika, Salz, etwas Senf oder Sardellenpaste
1–2 EL Wasser
4 Scheiben Käse, vollfett, z.B. Chester
feingehackte Petersilie
Salat, Tomaten

Zubereitung

Halbieren Sie die Brötchen und bestreichen sie mit Butter. Aus Hackfleich, Zwiebel, Kapern, Eigelb, Öl, Gewürzen und Wasser bereiten Sie einen geschmeidigen Fleischteig zu und bestreichen die Brötchenhälften damit. Als Abschluß legen Sie obenauf eine Scheibe Käse.
Die Brötchen legen Sie auf den Rost oder das Backblech.
Nach der Zubereitung streuen Sie Petersilie über die Brote und garnieren mit Salatblatt und eventuell Tomate oder Ketchup.

Temperatur: **250° vorgeheizt**
Zubereitungszeit: **ca. 8 Minuten**

Suppen

Möchten Sie nur ein Süppchen kochen, so werden Sie dafür bestimmt nicht den Backofen auswählen.
Möchten Sie aber eine volle Mahlzeit zubereiten, so braucht die Suppe nicht zu fehlen.

Champignonsuppe

Zutaten

150 g kleine Champignons
15 g Butter (1/2 EL)
Zitronensaft
1 l Wasser
1 Brühwürfel
Salz
40 g Butter
40 g Mehl
2 EL Sahne
Petersilie, gehackt

Zubereitung

Bereiten Sie die Champignonsuppe in einer feuerfesten Form zu, die mit Alufolie abgedeckt werden kann. Oder in einem Topf mit Deckel. Überzeugen Sie sich, daß die Griffe gegen die Backofentemperatur unempfindlich sind.
Waschen Sie die Champignons, danach schneiden Sie sie in dünne Scheiben. Die Champignons dünsten Sie in 15 g Butter, wenn möglich im gleichen Topf oder gleicher Form, in der auch die Suppe gekocht wird. Fügen Sie das Wasser, den Brühwürfel und das Salz zu. Mischen Sie Butter und Mehl gut durch, bereiten sie davon einen Kloß und fügen diesen ebenfalls zu. Stellen Sie die abgedeckte Form auf den Rost in den Backofen, schalten die richtige Temperatur ein und lassen die Suppe in der angegebenen Zeit gar werden. Geben Sie anschließend die Sahne zu und rühren die Suppe gut durch, bevor sie serviert wird; nach Belieben Petersilie zufügen.

Temperatur: **ca. 175°**
Garzeit: **ca. 60 Minuten**

Gemüsesupppe

Zutaten

1 l Bouillon
ca. 250 g Suppengemüse
30 g ganz feine Nudeln
Hackfleischkügelchen
Petersilie, gehackt

Zubereitung

Bereiten Sie die Gemüsesuppe in einem Topf oder in einer feuerfesten Form zu, die man mit Deckel oder mit Alufolie abdekken kann. Überzeugen Sie sich, daß die Griffe gegen die Backofentemperatur unempfindlich sind. Fügen Sie alle Zutaten in den Topf und stellen die abgedeckte Form auf den Rost in den Backofen.
Sie rühren die Suppe, bevor sie serviert wird, gut durch und streuen Petersilie über.

Temperatur: **ca. 175°**
Garzeit: **60 Minuten**

Tomatensuppe

Zutaten

1 Dose geschälte Tomaten (ca. 400 g)
1 1/4 Dose Wasser
2 EL Reis
1 Lorbeerblatt
Thymian (möglichst frisch)
1 Bouillonwürfel
1 TL Salz
50 g Hackfleischkügelchen

Zubereitung

»Kochen« Sie die Tomatensuppe in einem Topf oder in einer feuerfesten Form, die man mit Deckel oder Alufolie abdecken kann. Überzeugen Sie sich, daß die Griffe gegen die Backofentemperatur unempfindlich sind.
Gießen Sie die zerkleinerten Tomaten in die Form und fügen die übrigen Zutaten zu. Stellen Sie die abgedeckte Form oder den geschlossenen Topf auf den Rost in den Backofen und stellen die Temperatur ein. Nach der Zubereitung rühren Sie die Suppe gut durch, bevor Sie servieren.

Temperatur: **175°**
Garzeit: **60 Minuten**

Fischgerichte

Fisch und Fischgerichte verursachen keine Probleme in einem Heißluftherd und lassen sich bequem und leicht zubereiten.

Fisch Topignon

Zutaten

600–700 g Fischfilet
(frisch oder tiefgefroren)
200–250 g Champignons
1 Päckchen Weiße Sauce
6 Tomaten
Salz und Pfeffer
Zitronensaft
Paniermehl
Butter
Petersilie oder Schnittlauch, gehackt

Zubereitung

Bestreichen Sie eine große, niedere, feuerfeste Form mit Butter. Waschen Sie die Champignons und schneiden sie in Scheiben. Mischen Sie die Champignons mit dem Saucenpulver. Die gewaschenen Tomaten schneiden Sie ebenfalls in Scheiben. Legen Sie die Fischfilets in die Mitte der Form und bestreuen sie mit Salz, ein wenig Pfeffer und fügen reichlich Zitronensaft zu. Streuen Sie die Champignons rings um den Fisch und legen Sie darauf Tomatenscheiben. Bestreuen Sie den Fisch mit ein wenig Paniermehl und legen einige Butterflöckchen auf. Stellen sie die richtige Temperatur ein und lassen den Fisch in der angegebenen Zeit gar und hellbraun werden.
Garnieren Sie die Form, indem Sie auf die Tomaten feingehackte Petersilie oder Schnittlauch streuen.
Als Beilage empfehlen wir aufgeplatzte Kartoffeln (siehe Rezept bei Kartoffelgerichte).

Temperatur: **ca. 200°**
Garzeit: **30–40 Minuten**

Fischfilet au gratin

Zutaten

400 g tiefgefrorenes Fischfilet
1 TL Salz
2 TL Zitronensaft
1/2 EL Paniermehl
1 EL geriebenen Käse
50–100 g Butter
1/2 EL feingehackte Petersilie

Zubereitung

Bestreichen Sie eine feuerfeste Form mit Butter und legen das tiefgefrorene Fischfilet hinein. Gießen Sie einen Eßlöffel Wasser zu, bestreichen Sie das Filet mit Zitronensaft und bestreuen es mit Salz. Mischen Sie das Paniermehl mit dem Käse und streuen die Mischung auf den Fisch. Die Butter verteilen Sie auf dem Fisch als Flöckchen. Die Form auf den Rost in den Backofen stellen, nicht abdecken.
Lassen Sie den Fisch in der angegebenen Zeit auftauen, garen und braun werden.
Nach dem Garen Petersilie überstreuen.

Temperatur: **ca. 200°**
Garzeit: **ca. 30 Minuten**

Farbtafel III: **Würzige Hammelkeule.** *Rezept auf Seite 27.*

Schmorfisch

Zutaten

ca. 750 g Fisch
(Kabeljau, Schellfisch)
Zitronensaft
2 TL Salz
Paniermehl
75–125 g Butter
Petersilie, gehackt

Zubereitung

Bestreichen Sie eine feuerfeste Form mit Butter. Waschen Sie den Fisch, trocknen ihn mit Küchenkrepp ab, betropfen ihn mit Zitronensaft und streuen Salz darüber. Legen Sie die Stücke in die Form und streuen ein wenig Paniermehl über. Verteilen Sie die Butterflöckchen auf und um den Fisch und stellen die Form auf den Rost. Schalten Sie die Temperatur ein und lassen Sie den Fisch in der angegebenen Zeit garen und leicht braun werden.
Garnieren Sie mit Zitronenscheiben und feingehackter Petersilie.

Temperatur: **ca. 175°**
Garzeit: **30–40 Minuten**

Fleischgerichte

Die alte Tradition, das Fleisch im Topf auf den Herdplatten zuzubereiten, lebt immer noch.
Doch spricht manches dafür, das Fleisch im Backofen zu braten, da Sie nun über einen Zirkulationsofen verfügen. Das Fleisch bleibt saftig, trocknet nicht aus, behält seinen Eigengeschmack und ist – so zubereitet – bekömmlicher, denn die Fettzugabe kann ganz gering gehalten werden. Sie haben nie überhitztes Fett, da das Fett ja nur mit dem Fleisch erhitzt wird.
Bereiten Sie das Fleisch im Backofen zu, so brauchen Sie sich kaum darum zu kümmern.
Wird Fleisch offen auf dem Rost zubereitet, immer die Bratpfanne oder das Backblech direkt darunter schieben. Das heißt, daß das Backblech in die Leiste geschoben und der Rost auf die Leiste gelegt wird.

Gefüllte Tomaten

Zutaten

8 große oder 10 mittelgroße Tomaten
400 g Kalbshackfleisch
1 Ei
1 EL Paniermehl
3 EL Milch
Salz, Pfeffer, Mukatnuß
Petersilie
1/4 Stange Lauch
Butter für Flöckchen
Fett für die Form

Zubereitung

Bestreichen Sie eine niedere, feuerfeste Form mit Butter. Von den Tomaten schneiden Sie das obere Drittel ab und höhlen das Innere vorsichtig aus. Bestreuen Sie das Innere mit etwas Pfeffer und Salz und stellen Sie die ausgehöhlten Tomaten umgekehrt auf ein Holzbrett.
Mit dem Apfelbohrer sticht man den Stiel aus, wenn Sie das obere Drittel als Deckelchen gebrauchen möchten.
Das Hackfleisch mit dem Ei, dem Paniermehl, der Milch, dem Salz, dem Pfeffer und der Muskatnuß vermischen. Geben Sie auch mindestens einen halben Eßlöffel feingehackte Petersilie und den sehr fein geschnittenen Lauch darunter. Die Tomaten füllen Sie mit dieser Masse.

Stellen Sie die Tomaten in die Form, legen Sie das Deckelchen auf, oder streuen Sie ein wenig Paniermehl darüber. Auf jede Tomate legen Sie ein Flöckchen Butter. Stellen Sie die richtige Temperatur ein. Lassen Sie das Hackfleisch garen.

Temperatur: **175°–200°**
Garzeit: **ca. 20 bis 30 Minuten**

Würzige Hammelkeule (Farbtafel III)

Zutaten

1 Hammelkeule 1500–2000 g
3 Knoblauchzehen
2 EL Tomatenmark
1 EL Mehl
2 EL Zitronensaft
1 TL Salz
6 schwarze Pfefferkörner
1/4 TL gemahlener Kümmel
4 EL Öl
3 kleine Zwiebeln
0,4 l heiße Fleischbrühe
2 TL Speisestärke

Zubereitung

Zuerst waschen Sie die Hammelkeule und trocknen sie mit Küchenkrepp ab. Ritzen Sie die Haut mit einem scharfen Küchenmesser kreuzweise ein und spicken die Keule mit Knoblauch-Stiften.
Verrühren Sie das Tomatenmark mit Mehl, Zitronensaft, Salz, gemahlenem Kümmel und zerdrückten Pfefferkörnern. Mit dieser Masse bestreichen Sie die Hammelkeule und lassen sie über Nacht marinieren.
Braten Sie die Hammelkeule im erhitzten Öl rundherum an. Geben Sie geschälte und geviertelte Zwiebeln hinzu, gießen etwas Fleischbrühe an und braten die Keule ca. 30 Minuten bei 200°. Danach 60 Minuten bei 160°. Zwischendrin übergießen Sie die Keule mit heißer Fleischbrühe und dem eigenen Bratfond.
Richten Sie die Keule auf einer vorgewärmten Platte mit Zucchinigemüse an. Binden Sie die Sauce mit in Wasser verrührter Speisestärke. Keule und Sauce servieren Sie getrennt. Als Beilage reichen Sie Salzkartoffeln und Salat.

Temperatur: **200°/Nachgaren 160°**
Garzeit: **30 Minuten/Nachgaren 60 Minuten**

Gefüllte Paprikaschoten (Farbtafel II)

Zutaten

6 große Paprikaschoten
250 g gemischtes Hackfleisch
150 g Leber
1 Ei
1 Brötchen
1 große Zwiebel
500 g Tomaten
Salz, Pfeffer
Paprika, Majoran
1/2 TL Senf
Worcestershire-Sauce
1 EL Öl oder Margarine
100 g geräucherten, durchwachsenen Speck
1 große Zwiebel
eventuell 2 Knoblauchzehen
1 TL Stärkemehl
1/2 Tasse Dosenmilch oder frische Sahne
1 Bund Petersilie

Zubereitung

Schneiden Sie von den Paprikaschoten den Deckel ab, höhlen Sie die Schoten aus. Dann übergießen Sie die Schoten mit heißem Wasser.
Für die Fülle mischen Sie Hackfleisch, kleingeschnittene Leber, Ei, Brötchen (eingeweicht und ausgedrückt), feingehackte Zwiebel und etwa 1/4 der Tomaten (enthäutet und zerkleinert). Dann schmecken Sie die Fülle mit den Gewürzen ab. Danach füllen Sie die Schoten mit der Masse und setzen die Deckel auf.
Erhitzen Sie das Fett in einem breiten Topf. Dünsten Sie darin den kleingewürfelten Speck, die Zwiebel und die Knoblauchzehen goldgelb. Geben Sie die restlichen Tomaten zu und rühren gut um.
In diesen Sud setzen Sie die Paprikaschoten und füllen mit Wasser an, bis die Schoten zur Hälfte bedeckt sind.
Die garen Paprikaschoten aus der Sauce nehmen und warmstellen. Zum Binden der Sauce geben Sie mit Milch oder Sahne verquirltes Stärkemehl hinzu und lassen die Sauce kurz aufkochen. Danach schmecken Sie ab und können servieren; zum Beispiel mit Kartoffeln oder Reis und Salat.

Temperatur: **140°**
Garzeit: **80 Minuten**

Gulasch

Für eine Auflaufform mit einem Inhalt von 1 Liter

Zutaten

500 g mageres Rindfleisch
2 TL Salz
1/2 TL Pfeffer
2 TL Paprika
Cayennepfeffer
1/2 EL Mehl
2 Zwiebeln
50 g Butter oder Fett
1 l Wasser
2 EL Tomatenmark
2 TL Essig

Wenn gewünscht, zusätzlich:
2 frische Tomaten
1/2 TL Kümmel
1–2 EL saure Sahne

Zubereitung

Bestreichen Sie eine Auflaufform mit Butter. Schneiden Sie das Fleisch in große Würfel, vermischen Sie Salz mit Pfeffer, ein wenig Cayennepulver und Mehl. Streuen Sie dies über das Fleisch und reiben es damit ein. Hacken Sie die Zwiebel. Zerlassen Sie die Butter und braten das Fleisch schnell von allen Seiten an. Fügen Sie nun Paprika hinzu, legen Sie das Fleisch in die Auflaufform und braten nun die Zwiebel in 2 Minuten goldbraun. Nehmen Sie die Pfanne von der Platte und mischen das Wasser, das Tomatenmark, den Essig und eventuell die halbierten Tomaten (nehmen Sie dann etwas weniger Wasser) und den Kümmel unter. Bedecken Sie das Fleisch mit der Sauce, und decken Sie die Form mit einem Deckel oder mit Alufolie ab. Stellen Sie die Form auf den Rost in den Backofen und schalten die Temperatur ein.
Lassen Sie das Gulasch in der angegebenen Zeit (oder etwas länger; dies hängt von der Qualität des Fleisches ab) braten. Nehmen die den Deckel oder die Alufolie ab und rühren, wenn gewünscht, noch etwas saure Sahne unter. Schmecken Sie das Gulasch ab.
Servieren Sie das Gulasch mit gekochten Kartoffeln, mit Kartoffelpüree oder gekochtem Reis.

Temperatur: **175°**
Garzeit: **ca. 70 Minuten**

Satè's
(Fleischspieße Indonesien)

Zutaten

500 g Schweinefleisch (Schulter)
3 EL Ketjap Manis (indisches Gewürz)
1 EL Zitronensaft
2 TL Ketoembar (ind. Gewürz)
1 gepreßte Knoblauchzehe
Holzspieße

Zubereitung

Schneiden Sie das Fleisch in Würfel und marinieren Sie es 12 bis 24 Stunden in einem Gemisch der übrigen Zutaten. Rühren Sie während der Marinierzeit das Fleisch einige Male um. Feuchten Sie die Holzspieße an und spießen Sie das Fleisch auf. Legen Sie die Spieße auf den Rost und schieben Sie das Backblech darunter. Geben Sie eine Tomatencremesauce dazu.

Temperatur: **220°**
Garzeit: **ca. 15 Minuten**

Schweinefilet mit Paprikasahnesauce

Zutaten

1 große Zwiebel
2 rote Paprika
2 grüne Paprika
500 g Schweinefilet
1 TL Salz
1/2 TL Pfeffer
50 g Butter
1/2 TL Mehl
2 EL saure Sahne

Zubereitung

Sie schneiden die Zwiebel fein, putzen die Paprikas, entfernen die Kerne und Stiele und schneiden die Paprikas in lange, dünne Streifen. Halbieren Sie die Streifen. Das mit Salz, Pfeffer, Paprika eingeriebene Filet legen Sie in eine flache gefettete Auflaufform. Zerlassen Sie die Butter in einer Bratpfanne.

Dünsten Sie die Zwiebelwürfel und die Paprikastreifen in der Butter an, rühren um, streuen etwas Mehl und Gewürze darüber und legen die angedünsteten Paprikastreifen rund um das Fleisch in die Form. Stellen Sie die Form auf den Rost und schalten Sie die Temperatur ein. Lassen Sie das Fleisch garen. Sie nehmen das Fleisch dann aus dem Ofen, bedecken es mit Alufolie und lassen es 10 Minuten stehen, bevor Sie es anschneiden. Die Paprikas können solange im Ofen stehen bleiben. Gießen Sie, wenn nötig, etwas Wasser zu, rühren es gut durch und geben zum Schluß die saure Sahne dazu. Schmecken Sie die Sauce ab und prüfen Sie, ob sie dick genug ist.

Temperatur: **ca. 175–200°**
Garzeit: **30–40 Minuten**

Schnitzel und Kotelett

Zutaten

4 Schweineschnitzel oder Kotelett
Salz
2 kleine Eier
120 g Semmelmehl
2 gestrichene TL Paprika, edelsüß
etwas Öl

Zubereitung

Waschen Sie die Fleischscheiben und trocknen sie mit Küchenkrepp ab. Die Sehnen an den Fleischstücken schneiden Sie ein, damit die Fleischscheiben bei der Zubereitung auf dem Blech gut aufliegen.
Nun die Fleischstücke salzen, in dem gut verschlagenen Ei und dann in dem mit Paprika vermischten Semmelmehl wenden. Die Panierung gut andrücken, und die Fleischstücke auf das gefettete Backblech legen. Die Oberfläche der panierten Fleischstücke mit Öl dünn einfetten. Die panierten Fleischstücke werden nun – ohne wenden – zubereitet.

Temperatur: **225° vorgeheizt**
Bratzeit: **Schnitzel etwa 13 Minuten, Kotelett etwa 15 Minuten**

Braten auf dem Rost mit Sauce

Zutaten

ca. 1 kg Schweinekamm
Salz, Knoblauch, Thymian
1 EL Öl
1/2 TL Paprika, edelsüß
Pfeffer
1–2 Zwiebeln
2 Tomaten
0,25 l Brühe
0,125 l Rotwein
2 EL saure Sahne
1 TL Stärkemehl

Zubereitung

Waschen Sie das Fleisch und trocknen es gut mit Küchenkrepp ab. Eventuell vorhandene Fettschicht an der Oberfläche schneiden Sie ein.
Das Fleisch nun mit einem Gemisch aus Öl, Salz, Paprika, Knoblauchpulver und Thymian bestreichen und auf den Rost legen. Rost und Bratpfanne schieben Sie nun in den Backofen und stellen die richtige Temperatur ein.
Nach 3/4 bis 1 Stunde Bratzeit geben Sie die in Scheiben geschnittenen Zwiebeln und Tomaten in die Bratpfanne. Sind diese Zutaten genügend gebräunt, gießen Sie zum Ende der Bratzeit hin warmes Wasser oder Brühe hinzu. Diesen Saucengrund geben Sie nach dem Braten in einen Stieltopf, geben Stärkemehl mit Rotwein angerührt hinzu, lassen kurz aufkochen und schmecken die Sauce ab. Sahne zufügen.

Temperatur: **175°**
Bratzeit: **pro cm Fleischhöhe 15–18 Minuten.**

Farbtafel IV: **Roastbeef mit Zwiebelsauce.** *Rezept auf Seite 33.*

zum „so" knabbern.
Sandwiches, belegte
Brote, Gulasch, Sauce
Fleisch, Steaks, Püree
Gemüse. Die Zwiebel
überstreuen oder mit-
kochen, nicht in Fett
nachbraten.

Roastbeef mit Zwiebelsauce (Farbtafel IV)

Zutaten

800 g Roastbeef (Rinderlende)
1 EL grober Senf
1 EL Öl
1/2 TL Salz
frisch gemahlener, schwarzer Pfeffer,
1 Prise Knoblauchpulver
0,25 l heiße Fleischbrühe
1 EL Tomatenpüree (1 kleine Dose)
1/8 l dicke, saure Sahne
2 EL Cognac
6 EL Röstzwiebeln

Zubereitung

Zuerst waschen Sie das Roastbeef und trocknen es mit Küchenpapier ab.Danach schneiden Sie die Fettseite rautenförmig ein.
Verrühren Sie Senf, Öl, Salz, Pfeffer und Knoblauchpulver zu einer Paste, mit der Sie das Fleisch bestreichen.
Dann braten Sie das Roastbeef auf dem Rost, Fettseite oben. Das Fleisch ist innen noch rosa, wenn es auf kräftigen Druck mit einem Kochlöffel elastisch zurückgeht.
Nach dem Braten legen Sie das Fleisch auf eine vorgewärmte Platte und lassen es vor dem Aufschneiden 10 Minuten ruhen.
Löschen Sie den Bratfond mit der Fleischbrühe und einem Teil der Röstzwiebeln ab. Dann gießen Sie die Sauce durch ein Sieb und lassen sie einmal kuz aufkochen.
Dann rühren Sie Tomatenpüree, saure Sahne hinein (nicht mehr kochen lassen). Jetzt schmecken Sie die Sauce ab und würzen eventuell mit Pfeffer und Salz nach.
Danach schneiden Sie das Fleisch in dünne Scheiben, garnieren es mit Bohnen und den restlichen Röstzwiebeln.
Zum Roastbeef können Sie z.B. grüne Bohnen und Salzkartoffeln servieren.

Temperatur: **220°**
Bratzeit: **ca. 30 Minuten**

Geflügel

Huhn und anderes Geflügel eignet sich ausgezeichnet für die Zubereitung in einem Heißluftherd.
Man braucht dazu nicht einmal einen Spieß und kann mehrere Hühner gleichzeitig zubereiten.

Hähnchen

Zutaten

Hähnchen
Salz
Pfeffer
Versch. Kräuter
Dosenmilch
Paprika, edelsüß

Zubereitung

Hähnchen waschen und gut abtrocknen. Bestreuen Sie das Innere des Hähnchens mit Salz, Pfeffer, verschiedenen Kräutern, wie Thymian, Majoran, Rosmarin. Außen bestreichen Sie das Hähnchen mit einem Gemisch aus Dosenmilch, Paprika und Salz. Legen Sie das Hähnchen auf den Rost und schieben Sie das Backblech darunter. Schalten Sie die Temperatur ein und braten das Hähnchen in der angegebenen Zeit gar und braun. Sie können mit einer Gabel kontrollieren, ob das Hähnchen gar ist, indem Sie versuchen, das Fleisch vom Schlegelknochen zu lösen.
Für etwas Sauce verdünnen Sie den Bratensaft mit kochendem Wasser und gießen dieses Gemisch in einen kleinen Topf. Wenn Sie Wert auf etwas gebundene Sauce legen, fügen Sie 1–2 TL Mehl hinzu. Schmecken Sie die Sauce ab.

Temperatur: **ca. 175°**
Garzeit: **ca. 60 Minuten**

Bemerkung: Wenn Sie das Hähnchen vor der Zubereitung halbieren, die gewürzten Hähnchenhälften mit der Anschnittseite auf ein gefettetes Backblech legen, wird die Bratzeit um die Hälfte verkürzt.

Temperatur: **200°**
Garzeit: **25–30 Minuten**

Aufläufe

**Aufläufe sind mit Recht sehr beliebt. Einer der Gründe mag sein, daß die eigentliche Kocharbeit in der Zeit gemacht werden kann, die Ihnen am besten paßt.
Die wichtige Zeit vor dem Mahl ist dann frei für andere Tätigkeiten. Meistens wird so ein Auflauf dann auch kalt in den Backofen gestellt. Darauf sind die bei den Rezepten angegebenen Garzeiten abgestimmt.
Natürlich ist die Garzeit auch stark abhängig von der Form der Schüssel oder Backform. Der Inhalt einer niederen Form ist schneller warm als der einer tiefen.**

Kartoffel-Spinat-Auflauf (Farbtafel V)

Zutaten

30 g Margarine
500 g Blattspinat aus der Tiefkühltruhe
1 gestrichenen TL Salz
1 Messerspitze Muskat
500 g Pellkartoffeln
100 g gekochter Schinken
4 Eier
3 EL Milch
1 gestrichenen TL Salz
1 Messerspitze Pfeffer
50 g Emmentaler Käse

Zubereitung

Zuerst würzen Sie den aufgetauten Blattspinat mit Salz und Muskat und geben ihn in die mit Margarine gut gefettete Auflauf-Form. Dann drücken Sie die gepellten und halbierten Kartoffeln hinein.
Darüber verteilen Sie den kleinwürfelig geschnittenen und kurz angerösteten Kochschinken.
Verquirlen Sie Eier und Milch und würzen mit Pfeffer und Salz. Diese Masse gießen Sie dann über den Auflauf, den Sie dann backen. 10 Minuten vor dem Ende der Garzeit streuen Sie den geriebenen Emmentaler Käse über den Auflauf. Zum Schluß garnieren Sie mit Tomatenachteln und Petersilie.

Temperatur: **200°**
Garzeit: **25–30 Minuten**

Ungarischer Sauerkrautauflauf

Für eine Form mit einem Inhalt von 2 Liter

Zutaten

400 g mageres Rindfleisch in Würfel
2 TL Salz
1 Zwiebel
60 g Butter oder Margarine
1 kl. Dose Tomatenmark (ca. 70 g)
1 TL Paprika
500 g offenes Sauerkraut
eventuell 1/2 TL Kümmel
1/8 l saure Sahne
ca. 1 kg Kartoffeln
50 g Butter
ca. 0,1 l Milch
Salz, Pfeffer
1–2 EL Semmelmehl
Butter für Flöckchen

Zubereitung

Bestreuen Sie die Fleischwürfel mit Salz. Schneiden Sie die Zwiebeln so fein wie möglich. Braten Sie das Fleisch in der Butter an und fügen Sie, wenn das Fleisch zu bräunen beginnt, die Zwiebeln dazu. Braten Sie nun Fleisch und Zwiebeln weiter zusammen, aber achten Sie darauf, daß die Zwiebeln nicht zu dunkel werden. Fügen Sie dann Tomatenmark, Paprika und Sauerkraut zu und vermischen Sie alles gründlich. Gießen Sie, wenn nötig, etwas Flüssigkeit zu. Lassen Sie das Fleisch durchgaren. Geben Sie eventuell noch etwas Wasser zu. Mischen Sie schließlich die Saure Sahne unter. Machen Sie von den Kartoffeln ein gut abgeschmecktes Püree. Bestreichen Sie die Form mit Butter, legen Sie die Sauerkrautmasse hinein und bedecken das Kraut mit dem Kartoffelpüree. Schmücken Sie mit einer Gabel die Oberfläche mit Streifen, Figuren oder Rillen. Bestreuen Sie den Auflauf mit Semmelmehl, und legen Sie darauf noch 6–8 Butterflöckchen.

Schalten Sie die richtige Temperatur ein und stellen die Form auf den Rost in den Backofen. Lassen Sie den Sauerkrautauflauf gut warm werden, so daß eine hellbraune Kruste entsteht.

Temperatur: **200°**
Garzeit: **ca. 40 Minuten**

Sauerkrautauflauf Hawaii

Für eine feuerfeste Form mit einem Inhalt von 2 Liter

Zutaten

ca. 1 kg Kartoffeln
500 g Sauerkraut
1 Dose Ananas (400 g)
12 Scheiben Schinken (ca. 300 g)
0,3 l Milch
0,1 l Wasser
60 g Butter
60 g Mehl
1 Brühwürfel
150 g geriebener Käse
Muskatnuß, gerieben
Zitronensaft
1–2 EL Semmelmehl
Butter für Flöckchen

Zubereitung

Kochen Sie die Kartoffeln und verkrümeln Sie sie. Kochen Sie das Sauerkraut 10 Minuten und lassen Sie es in einem Sieb abtropfen. Mischen Sie die in kleine Stücke geschnittene Ananas mit dem Sauerkraut. Wickeln Sie in jede Scheibe Schinken etwas Sauerkraut und Ananas.

Bereiten Sie eine Käsesauce. Lassen Sie dazu 60 g Butter in einem Topf schmelzen. Fügen Sie das Mehl zu, und rühren Sie, bis sich das Mehl mit der Butter vermischt hat. Das Gemisch muß sämig sein. Fügen Sie die Milch in einem Schuß zu und rühren Sie die Masse mit einem Schneebesen so lange, bis die Sauce dick geworden ist.

Lösen Sie den Brühwürfel in der Sauce auf und prüfen Sie die Dicke der Sauce. Fügen Sie, wenn nötig, etwas Wasser zu. Nehmen Sie den Topf vom Herd und rühren Sie 3/4 des Käses, etwas Muskatnuß und einige Tropfen Zitronensaft in die Sauce. Schmecken Sie die Sauce ab.

Bestreichen Sie die Form mit Butter. Legen Sie die Kartoffelbrösel unten in die Form, darauf die Schinkenröllchen, und bedecken Sie den Auflauf mit der warmen Käsesauce. Mischen Sie Semmelmehl mit dem Rest Käse und streuen Sie dieses Gemisch über die Sauce. Obenauf noch einige Butterflöckchen setzen. Stellen Sie die Form in den Ofen, stellen Sie die Temperatur ein und lassen Sie den Auflauf eine schöne goldbraune Kruste bekommen.

Temperatur: **ca. 180°–200°**
Garzeit: **40–50 Minuten**

Kartoffelgerichte

Die Kartoffel ist fast ein Nationalgericht. Sie wird dann auch kaum am Tisch fehlen. Es ist übrigens gar nicht nötig, Ihre Kartoffeln immer auf klassische Weise zu kochen.
Vor allem der Heißluftherd ermöglicht es Ihnen, neue und appetitliche Kartoffelvariationen auf den Tisch zu bringen.

Gratin Dauphinois

Für eine niedere Auflaufform mit einem Inhalt von ca. 1 1/2 l

Zutaten

750 g geschälte Kartoffeln
2 TL Salz
1/2 TL Pfeffer
1/2 TL Muskatnuß
100 g alter Käse
1/8 l Milch
Thymian
Knoblauch
2 Eier
1/8 l Sahne
Fett für die Form
Knoblauchpulver

Zubereitung

Bestreichen Sie die Form mit Butter und bestreuen sie dünn mit Knoblauchpulver. Hobeln Sie die Kartoffeln dünn. Würzen Sie die Kartoffelscheiben in einer großen Schüssel mit Salz, Pfeffer und gemahlener Muskatnuß. Mahlen Sie den Käse. Vermischen Sie Ei mit Sahne. Legen Sie die gehobelten Kartoffeln in die Auflaufform und verteilen Sie darüber den geriebenen Käse gleichmäßig. Gießen Sie zuerst die Milch darüber, dann das mit Sahne, Thymian und Knoblauchpulver vermischte Ei. Stellen Sie die Form auf den Rost in den Ofen. Schalten Sie die Temperatur ein und lassen das Gratin braun werden. Kontrollieren Sie mit einer Gabel, ob die Kartoffeln gar sind.

Temperatur: **200–220° mit Unterhitze**
Garzeit: **35–40 Minuten**

Platzkartoffeln

Zutaten

Pro Person 2 bis 3 gleichmäßig große schöne Kartoffeln
Kräuterbutter oder
mageren Quark
Milch, Gewürze
frische Kräuter, gehackt

Zubereitung

Waschen Sie die Kartoffeln und legen sie auf den Rost oder auf das Backblech oder den Backofenboden. Sie schalten die Temperatur ein und lassen die Kartoffeln in der angegebenen Zeit gar werden.
Kontrollieren Sie das mit einem Holzstäbchen. Servieren Sie zu den Kartoffeln Kräuterbutter oder ein Gemisch aus Magerquark, Milch, Gewürzen und frischen Kräutern. »Öffnen« Sie die Kartoffeln, indem Sie die Schale über Kreuz einschneiden. Nehmen Sie die Brösel mit einem Kaffeelöffel heraus.

Temperatur: **ca. 200°**
Garzeit: **ca. 50 Minuten**

Spezielle Gerichte

Wie der Name schon sagt, sollen jetzt spezielle Gerichte, die Sie vielleicht von Ihren Reisen her kennen und die Sie jetzt auch selbst zubereiten können, vorgestellt werden.
Die Rezepte sind zwar außergewöhnlich, aber die Zubereitung ist leicht verständlich beschrieben, und Ihr Heißluftherd sorgt für ein gutes Gelingen.

Risotto

Zutaten

1/2 bis 1 Zwiebel
2 EL Öl
400 g trockener Reis
0,8 l Bouillon
(eventuell aus 1 1/2 Boillonwürfeln)

Zubereitung

Schneiden Sie die Zwiebel fein. Erhitzen Sie das Öl in einem Brattopf oder in einer feuerfesten Form und lassen die Zwiebel darin glasig werden. Fügen Sie den gewaschenen Reis zu und rühren ihn immer wieder um, so daß die Reiskörner ein wenig gebacken werden. Gießen Sie nun schnell alle Bouillon dazu und lassen den Reis 1 Minute durchkochen. Schließen Sie den Topf und stellen ihn auf den Rost in den Backofen. Lassen Sie den Risotto in der angegebenen Zeit gar und trocken werden. Als Beilage empfehlen wir gefüllte Paprikas. Sie können von jeder beliebigen Menge Reis Risotto machen; nehmen Sie aber immer die doppelte Menge Bouillon zum Reis.
Sie können Risotto abändern und als ganze Mahlzeit servieren, wenn Sie, kurz bevor die Form in den Backofen gestellt wird, z.B. Champignons, Salamiwürfelchen, Erbsen, geschnittenen Lauch; Schinken oder Tomatenstücke darunter mischen.

Temperatur: **175°**
Garzeit: **30–40 Minuten**

Farbtafel V: **Kartoffel-Spinat-Auflauf.** *Rezept auf Seite 35.*

Quiche Lorraine

Für eine Form mit Durchmesser von ca. 28 cm

Zutaten

ca. 300 g Pieteig oder Blätterteig
Fett für die Form
150 g durchwachsener Speck
200–250 g Käse in Scheiben oder gerieben
3 Eier
0,15 l Milch oder Sahne
Pfeffer und Muskatnuß

Zubereitung

Backen Sie eine Quiche Lorraine in einer Porzellan-, Glas- oder Metallform; auch eine runde Kuchenform ist zu verwenden. Bestreichen Sie die Form mit Butter. Rollen Sie den Teig kreisförmig aus und zwar größer als die Form, in der die Quiche Lorraine gebacken wird. Legen Sie den Teig in die Form und schneiden Sie den Teig 1 cm über dem Rand der Form ab. Stechen Sie mit einer Gabel ein paarmal in den Teigboden. Lassen Sie den Teig in der Form möglichst eine Stunde kühl stehen. Bedecken Sie dann den Teig abwechselnd mit kurz gegrillten Speckscheiben und mit Käsescheiben. Schlagen Sie die Eier mit der Milch, Pfeffer und Muskatnuß und gießen dieses Gemisch über den Käse und den Speck in die Form.
Stellen Sie die Quiche auf den Rost in den vorgeheizten Backofen und backen sie gar und braun. Die Quiche Lorraine wird warm serviert, als Beilage bietet sich Kopfsalat an.
Einige Variationen zum Thema:
Geben Sie zu Speck und Käse noch Champignons oder Tomatenstückchen, Oliven, feingeschnittene Zwiebeln. Würzen Sie mit Oregano. Statt der Speckscheiben können Sie auch Schinken verwenden, die Käsescheiben können an auch durch ein Gemisch aus Zwiebeln und geriebenem Käse ersetzt werden. Auf jeden Fall verwenden Sie immer die gleiche Eiermasse.

Temperatur: **200–220° mit Unterhitze**
Garzeit: **30 bis 40 Minuten**

Pizza »Amalfi« (Farbtafel VI)

Zutaten

300 g Mehl
20 g Hefe
1/8 l lauwarme Milch
2 EL Olivenöl
1 Ei
1 gestrichener TL Salz
1 Messerspitze schwarzer Pfeffer
400 g Tomaten
1 Zwiebel
1 El Olivenöl
je 1 grüne und rote Paprikaschote
8 paprikagefüllte Oliven
8 Kapern
8 Sardellenfilets aus der Dose
100 g Salami in Scheiben
100 g Mozzarellakäse
je 1/4 TL Oregano, Basilikum und Thymian
2 EL Olivenöl

Zubereitung

Sie geben das Mehl in eine Schüssel, drücken in die Mitte eine Vertiefung, bröckeln die Hefe hinein und verrühren wenig Mehl und Hefe mit der Milch, stäuben noch etwas Mehl darüber und stellen die zugedeckte Schüssel zum »Gehen« 15 Minuten an einen warmen Ort.

Dann verrühren Sie das Olivenöl mit Ei, Salz und Pfeffer, geben es zum Vorteig und verkneten den Teig von der Mitte aus. Jetzt schlagen Sie den Teig, bis er Blasen wirft, und lassen ihn anschließend nochmals zugedeckt 15 Minuten gehen. Inzwischen können Sie die Tomaten waschen, kreuzweise einschneiden, kurz mit heißem Wasser überbrühen, häuten, würfeln und die Stengelansätze entfernen. Sie schälen die Zwiebeln, hacken sie, lassen sie im erhitzten Öl glasig werden, geben die Tomaten hinzu und lassen es einige Minuten köcheln. Die gewaschenen, halbierten, entkernten und vom weißen Fleisch befreiten Paprikaschoten können Sie nach Belieben in Streifen mitdünsten oder roh verwenden. Schmecken Sie die Zwiebel-, Tomaten- und Paprikasauce mit Salz und Pfeffer ab.

Dann schneiden Sie die Oliven in Scheiben, umwickeln je 1 Kaper mit einem Sardellenfilet.

Rollen Sie aus dem Teig zwei runde, ca. 20 cm große Böden, die sie auf ein Backblech oder zwei runde Formen legen und mit einer Gabel mehrmals einstechen.

Belegen Sie die Böden in dieser Reihenfolge: Zwiebel-Tomaten-Sauce, rohe Paprika, Olivenscheiben, Sardellenröllchen,

Salamischeiben. Zuletzt den in Streifen geschnittenen Käse auflegen, mit Salz, Pfeffer und Kräutern bestreuen, mit Öl beträufeln und nochmals 10 Minuten gehen lassen. Danach backen Sie die Pizza.

Temperatur: **180° Unterhitze einschalten**
Garzeit: **ca. 20 Minuten**

Nachspeisen

In früherer Zeit, als man weder Joghurt noch Vanillepudding kannte und auch der Kühlschrank noch nicht erfunden war, wurde eine Mahlzeit oft mit einem süßen Auflauf oder einer gebackenen Nachspeise beschlossen. Mit ihrem Heißluftherd können Sie diesen alten Brauch aufleben lassen.
In diesem Kapitel stellen wir einige einfache Beispiele vor, die sich sehr gut im Zirkulationsofen zubereiten lassen.
In jedem »klassischen« Kochbuch finden Sie dazu noch viele andere Rezepte.

Bratäpfel mit »Custard«

Zutaten

4 Äpfel (Granny Smith)
Butter
ca. 2 EL Ingwermarmelade
2 Eier
1 gehäufter EL Zucker
Geriebene Schale einer Zitrone
0,2 l Milch

Zubereitung

Bestreichen Sie eine niedere Auflaufform mit Butter. Schälen Sie die Äpfel und bohren Sie das Kernhaus mit einem Apfelbohrer aus. Verschließen Sie eine Seite der Höhlung mit Butter. Stellen Sie die Äpfel in die Form und füllen Sie das Innere mit Ingwermarmelade auf. Legen Sie oben auf die Marmelade ein Butterflöckchen.
Schlagen Sie Eier mit dem Zucker und fügen die geriebene Zitronenschale und die Milch zu. Gießen Sie dieses Gemisch rund um die Äpfel in die Form. Stellen Sie die Form auf dem Rost in den Ofen und schalten die richtige Temperatur ein. Lassen Sie die Äpfel in der angegebenen Zeit gar und braun werden. Auch der »Custard« (Gemisch von Milch, Ei und Zucker) wird gar. Sie können die Bratäpfel mit Custard heiß, warm oder kalt servieren.

Temperatur: **175°**
Garzeit: **35–45 Minuten**

Rhabarberauflauf

Für eine Auflaufform mit einem Inhalt von 1 Liter

Zutaten

500 g Rhabarber
2 Eier, getrennt
75 g Zucker
1/2 TL Zimt
1/2 TL Ingwerpulver
0,2 l Milch
4 Zwieback
100 g Rosinen
Puderzucker
1/4 l Vanillesauce

Zubereitung

Bestreichen Sie die Auflaufform mit Butter. Schneiden Sie den Rhabarber in kleine, ca. 1 cm lange Stückchen. Verrühren Sie die Eidotter mit dem Zucker und den Gewürzen und vermischen dies mit der Milch. Zerbröseln Sie den Zwieback. Mit einem Teil der Zwiebackbrösel bestreuen Sie die gefettete Auflaufform. Den Rest der Brösel und die Rosinen mischen Sie mit der Eimasse und geben die Mischung zum Rhabarber. Das steifgeschlagene Eiweiß ziehen Sie darunter. Dann geben Sie die Auflaufmasse in die Form und stellen Sie auf den Rost in den Backofen. Stellen Sie die Temperatur ein und lassen Sie den Rhabarberauflauf in der angegebenen Zeit gar und hellbraun werden. Servieren Sie den Auflauf warm, bestreut mit Puderzucker und kalter Vanillesauce.

Temperatur: **175°**
Garzeit: **ca. 45 Minuten**

Baba au Rhum

Zutaten

Für den Teig
250 g Mehl
15 g Hefe
0,1 l Milch
3 Eier
50 g Zucker
80 g sehr weiche Butter
Salz
100 g Rosinen

Für den Rumsirup
0,1 l Wasser
100 g Zucker
0,1 l Rum
Saft von 2 Orangen

Für die Vanille-Sauce
1/8 l Sahne
2 Päckchen Vanillezucker
1/4 l Vanillecreme

Zubereitung

Backen Sie die »Baba« in einer Spring- oder Gugelhupfform. Bestreichen Sie die Form gut mit Butter und bestäuben sie mit Mehl. Geben Sie das Mehl in eine Schüssel. In die Mitte des Mehles drücken Sie eine Vertiefung. Dahinein zerkrümeln Sie die Hefe, gießen etwas lauwarme Milch dazu, streuen etwas Zucker über. Verrühren Sie Hefe, Milch und Zucker mit einem kleinen Teil des Mehls zu einer dicken Masse.
Lassen Sie diese Masse an einem warmen Ort eine halbe Stunde »aufgehen«. Fügen Sie Eier, Zucker, die weiche Butter und Salz zu und schlagen diesen Teig mit einem Holzlöffel oder mit den Knethaken des Mixers.
Mischen Sie die Rosinen darunter. Geben Sie den Teig in die Form, die Sie dann auf den Rost in den Backofen stellen.
Schalten Sie die Temperatur 10 Minuten auf 50°. Der Backofen hat dann die richtige Temperatur, um den Teig aufgehen zu lassen. Stellen Sie nach ca. 30 Minuten die Temperatur auf 150° und backen Sie die »Baba au Rhum« in der angegebenen Zeit gar und braun. Bereiten Sie Rumsirup und Vanillecreme so vor, daß Sie rechtzeitig bereit stehen. Stürzen Sie die Baba einige Minuten nach dem Backen auf eine vorgewärmte flache Schüssel und stechen Sie mit einem Holzstäbchen so viele Löcher wie möglich in die Baba.

Gießen Sie den warmen Sirup langsam darüber, so daß die Einstiche mit dem Sirup aufgefüllt werden können. Schöpfen Sie den durchgesickerten Sirup immer wieder über den Kuchen. Servieren Sie diese Nachspeise so warm und die Vanillecreme so kühl wie möglich.

Zubereitung des Rumsirups
Lösen Sie den Zucker in Wasser auf und fügen den gesiebten Orangensaft und den Rum zu. Der Sirup muß heiß sein.

Zubereitung der Vanillesauce
Schlagen Sie die Sahne mit dem Vanillezucker steif und mischen die Vanillecreme unter.

Temperatur: **ca. 150°**
Garzeit: **35-45 Minuten**

Gebäck

Im Vorwort gingen wir schon intensiver auf das Thema »Gebäck« ein, weil der Heißluftherd außerordentlich gute Backeigenschaften bringt.
Die Heißluft erwärmt die Form sehr intensiv, so daß jede Seite des Gebäcks sehr gut gebacken und in drei Einschiebeleisten gleichmäßig braun wird.
Bei Gebäck mit wenig oder keinem Zuckeranteil wird die zusätzliche Unterhitze mit eingeschaltet. Diese macht sich selbstverständlich im wesentlichen in der unteren Einschiebeleiste bemerkbar.

Streuselkuchen
(Hefeteig von 250 g Mehl)

Zutaten

150 g Butter
250 g Mehl
125 g Zucker
1 Prise Salz
etwas Zimt

Zubereitung

Zunächst wird der Teig, wie zuvor beschrieben (»Hefekuchen auf dem Blech«), zubereitet. Danach wird der Belag vorbereitet.
Vermischen Sie die angegebenen Zutaten, bis Klümpchen entstehen, die Sie gleichmäßig zerpflücken. Nun streuen Sie diese Streusel über die Teigplatte.

Temperatur: **200°, eventuell Unterhitze einschalten**
Backzeit: **15–18 Minuten**

Farbtafel VI: **Pizza »Amalfi«.** *Rezept auf Seite 42.*

Hefekuchen auf dem Blech

Zutaten

(Hefekuchen groß)
375 g Mehl
25 g Hefe
200 ccm Milch (knapp 1/4 l)
75 g Zucker
1 Päckchen Vanillezucker
oder
1 abgeriebene Zitronenschale (ungespritzt)
1 Prise Salz
75 g Margarine

Zutaten

(Hefekuchen klein)
250 g Mehl
20 g Hefe
0,1 l lauwarme Milch
60 g Zucker
Vanillezucker oder
abgeriebene Zitronenschale
Salz
60 g Margarine

Zubereitung

Sieben Sie Mehl in eine Schüssel und drücken Sie in die Mitte eine Vertiefung. Die Hefe zerkrümeln Sie fein in diese Mulde, rühren etwas lauwarme Milch, einen TL Zucker und wenig Mehl mit der Hefe an. Stäuben Sie nun darüber etwas Mehl und lassen Sie das Hefestück bei 50° 8 Minuten lang im Backofen gehen.
Erhitzen Sie nun Milch und Fett und geben Sie beides lauwarm mit dem Zucker und den Gewürzen zum Mehl. Verrühren Sie nun alle Zutaten gut miteinander so lange, bis sich der Teig von der Schüssel löst. Der Hefeteig soll glänzend sein.
Nun den Teig nochmals an einem warmen Ort oder im Backofen 8 Minuten bei 50° oder 25 Minuten im kalten Backofen stehen lassen.
Der Teig soll zur doppelten Größe aufgehen.
Danach rollen Sie den Teig auf einem leicht bemehlten Brett zur Größe des Backbleches aus. Legen Sie die Teigplatte auf das gefettete Backblech oder in die gefettete Bratpfanne. Den gewünschten Belag geben Sie nun darauf und lassen den Teig nochmals aufgehen, entweder 10 Minuten bei 50° oder 20 Minuten im ausgeschalteten Backofen.
Danach wählen Sie die richtige Backtemperatur.

Windbeutel

(Zutaten für 2 Backbleche mit 32 kleinen Windbeuteln)

Zutaten

175 g Mehl
0,3 l Wasser
1 gestrichener TL Salz
125 g Butter
5 große oder
6 kleine Eier
Schlagsahne

Zubereitung

Bestreichen Sie die Backbleche mit ein wenig Butter und stäuben etwas Mehl darüber.
Sieben Sie das Mehl. Kochen Sie in einer Stielpfanne das Wasser mit dem Salz und der Butter. Fügen Sie dann das gesiebte Mehl auf einmal hinzu und rühren Sie gut mit einem Holzlöffel, bis der Teig sich wie ein Ball von der Pfanne löst. Lassen Sie den »Ball« etwas abkühlen. Mischen Sie alle Eier (bis auf eines) mit Schneebesen oder Mixer unter den Teig. Das letzte Ei verquirlen Sie in einer Tasse und geben es langsam dazu. Der Teig darf unter keinen Umständen zu weich werden; er muß so fest sein, daß er in Häufchen auf das Backblech gelegt werden kann.
Rühren Sie den Teig, nachdem er die richtige Festigkeit erreicht hat, noch 2 bis 3 Minuten tüchtig durch. Legen Sie 16 Häufchen auf ein Blech, wenn Sie kleine Windbeutel haben möchten.
Wünschen Sie große Windbeutel, legen Sie höchstens 6 Häufchen auf ein Backblech. Natürlich kann man auch den goldenen Mittelweg wählen.
Backen Sie die Windbeutel im vorgeheizten Backofen. Die Windbeutel sind fertig, wenn sie sich in der Hand leicht und fest anfühlen. Die Farbe ist dann meistens hellbraun.
Schneiden Sie die Windbeutel zum Auskühlen auf.
Füllen Sie die Windbeutel, nachdem sie abgekühlt sind, mit Schlagsahne. Bestreuen Sie sie mit Puderzucker oder bestreichen Sie die Windbeutel mit Garnierschokolade oder Schokoladenglasur.
Dazu vermischen Sie 100 g Puderzucker und 2 EL Kakao und fügen während des Rührens vorsichtig 1 1/2 EL Wasser zu. Glasur wird nämlich sehr schnell zu dünn! Wenn sie die richtige Festigkeit hat, rühren Sie sie noch 3 Minuten gut durch.
Bei der Verwendung von Garnierschokolade werden 100 g Bitterschokolade zunächst in Stückchen gebrochen. Sie erwärmen die Schokolade mit 40 g Puderzucker und 3–4 EL Wasser im

Wasserbad oder auf der Kochplatte. Die Zutaten müssen schnell und gut verrührt werden. Zum Schluß kommt noch 1 TL Butter hinzu.

Temperatur: **200°, vorheizen**
Backzeit: **ca. 30 Minuten**

Apfelkuchen

(Hefeteig von 375 g Mehl)

Zutaten

1 kg Äpfel, säuerlich, mürbe (mit Schale gewogen)
1–2 l Salzwasser
50 g Butter
100 g Zucker
etwas Zimt
30 g Korinthen

Zubereitung

Zunächst wird der Teig, wie zuvor beschrieben (»Hefekuchen auf dem Blech«), zubereitet. Danach wird der Belag vorbereitet.
Waschen und schälen sie die Äpfel. Schneiden Sie die Äpfel anschließend in Achtel, entfernen das Kernhaus und ziehen das Apfelstück durch das Salzwasser, damit es nicht braun wird. Apfelstücke nun schuppenartig in Reihen auf den Teig legen. Die gewaschenen Korinthen streuen Sie nun über die Äpfel. Nach dem Backen bestreichen Sie die Apfelstücke mit der flüssigen Butter und streuen Zimt und Zucker über.

Temperatur: **160–175°, eventuell Unterhitze einschalten**
Backzeit: **ca. 30 Minuten**

Rhabarbertorte
(Zutaten für eine Form mit einem Durchmesser von 26 cm)

Zutaten

Zutaten für den Teig
275 g Mehl
100 g Zucker
eine Prise Salz
1 Päckchen Vanillezucker
1 Messerspitze Zimt
150 g Butter
1 Ei
10 g Backpulver

Zutaten für die Füllung
750 g Rhabarber
1 Ei
75 g Zucker
1 EL Vanillesaucenpulver
1 TL Zimt
1 geriebene Schale einer Zitrone (ungespritzt)
2 EL geschnittener, kandierter Ingwer
100 g schöne Rosinen
Puderzucker

Zubereitung

Bestreichen Sie die Form mit Butter. Sieben Sie zuerst Mehl und Backpulver auf ein Brett. Geben dann Zucker, Salz, Zimt und Vanillezucker zu. Fügen Sie das Ei und auch die mit einem Messer in kleine Stücke zerteilte Butter hinzu. Kneten Sie dann den Teig und lassen Sie ihn, wenn er zu weich ist, eine halbe Stunde abkühlen. Drücken Sie den Teig in die Form und sorgen Sie dafür, daß der Teig sowohl am Rand als auch auf dem Boden gleich dick ist. Sie putzen den Rhabarber (nicht schälen), waschen und trocknen ihn ab und schneiden ihn in Stückchen von 1 cm.
Verrühren Sie in einer Schüssel das Ei mit dem Zucker, dem Zimt und der geriebenen Zitronenschale. Mischen Sie den geschnittenen Ingwer, die Rosinen und die Rhabarberstücke darunter. Geben Sie die Füllung in die mit Teig ausgekleidete Form und drücken Sie sie an. Sie darf etwas über den Rand hinausragen.
Drücken Sie den Teigrand mit einer Gabel etwas nach unten. Stellen Sie die Torte auf den Rost in den Backofen, und stellen Sie die richtige Temperatur ein. Backen Sie die Torte in der angegebenen Zeit gar und hellbraun. Bestreuen Sie die Torte kurz vor dem Servieren mit Puderzucker.

Temperatur: **170°, mit Unterhitze**
Backzeit: **50–60 Minuten**

Apfeltorte
Sie können die Torte anstatt mit Rhabarber auch mit Apfelstückchen zubereiten.

Schwarz-Weiß-Kuchen

Zutaten

250 g Margarine
250 g Zucker
4 Eier
1/8 l Milch
500 g Mehl
1 Backpulver
30 g Kakao
Puderzucker zum Bestreuen

Zubereitung

Bestreichen Sie eine Kastenform mit Butter.
Margarine, Zucker und Eier rühren Sie schaumig, fügen die Milch hinzu und zuletzt das mit Backpulver vermischte und gesiebte Mehl.
Zwei Drittel der Teigmasse füllen Sie in die Kuchenform. Das letzte Drittel des Teiges vermischen Sie mit dem Kakao (sollte die Masse sehr fest sein, geben Sie etwas Milch hinzu) und füllen diesen Teig in die Mitte der weißen Teigmasse der Länge nach in die Form. Mit der Gabel drehen Sie nun die braune Teigmasse unter die weiße Masse.
Den gebackenen Kuchen in der Form kurz abkühlen lassen, aus der Form nehmen und mit Puderzucker bestreuen.

Temperatur: **150–160°**
Backzeit: **60–70 Minuten**

Schokoladentorte
(Zutaten für eine Form mit einem Durchmesser von 26 cm)

Zutaten

Zutaten für die Torte
50 g bittere Schokolade
200 g Mehl
2 TL Backpulver
25 g Kakao
200 g Butter
200 g Zucker
1 Päckchen Vanillezucker
Salz
4 Eier, getrennt

Zutaten für die Garnierung
1 bis 3 EL Kirschwasser
1 knappes Glas Aprikosenmarmelade
100 g Blockschokolade
1 TL Butter
12 abgeschälte Walnüsse
Schlagsahne

Zubereitung

Bestreichen Sie die Form sorgfältig mit Butter. Brechen Sie die Schokolade in Stückchen und lassen Sie diese in einer kleinen Schüssel im Wasserbad oder in einem kleinen Topf auf der Herdplatte schmelzen. Achten Sie darauf, daß die Schokolade nicht zu heiß wird. Geben Sie das Mehl durch ein Sieb und vermischen Sie es mit dem Backpulver und Kakao. Rühren Sie Butter, Zucker, Vanillezucker, Salz und Eigelb schaumig. Rühren Sie dieses Gemisch, bis es heller geworden ist. Geben Sie anschließend die zerlassene Schokolade dazu. Heben Sie das gesiebte Mehl mit dem Kakao vorsichtig unter die Masse, zuletzt den festgeschlagenen Eischnee. Anschließend geben Sie den Teig in die gefettete Form. Stellen Sie die Form in den Backofen und regeln Sie die Temperatur. Backen Sie die Torte in der angegebenen Zeit gar. Kontrollieren Sie mit einem Holzstäbchen, ob der Kuchen auch gar ist. Nehmen Sie die Form aus dem Backofen und schauen Sie, ob sich die Kruste vom Rand löst.
Nehmen Sie den Kuchen erst nach 5 Minuten aus der Form. Lassen Sie den Kuchen auskühlen und schneiden Sie ihn quer durch. Betropfen Sie beide Hälften mit Kirschwasser.
Machen Sie die Aprikosenmarmelade warm und bestreichen Sie die untere Tortenhälfte mit einem Teil der Marmelade. Legen Sie die andere Hälfte darauf und verstreichen Sie die restli-

che Marmelade oben und an den Seiten der Torte. Lassen Sie die Marmelade erkalten.
Zur Schokoladenglasur lassen Sie die Schokolade langsam schmelzen, fügen die Butter hinzu und bestreichen damit das Äußere der Torte. Garnieren Sie die Torte mit Walnüssen. Servieren Sie zu der Schokoladentorte ungesüßte oder ein wenig gesüßte, steifgeschlagene Sahne.
Zu Beginn der Backzeit eine Bratpfanne mit 1/4 l dampfendheißem Wasser auf den Backofenboden schieben.

Temperatur: **ca. 160°**
Backzeit: **ca. 60 Minuten plus 5 Minuten Nachwärmen**

Sandkuchen (Farbtafel VII)

Zutaten

5 Eier
250 g Zucker
Mark von 1/2 Vanilleschote
abgeriebene Schale von 1/2 ungespritzten Zitrone
1 Messerspitze Salz
125 g Mehl
125 g Speisestärke
170 g Butter
Margarine und Mehl für die Form
Puderzucker

Zubereitung

Schlagen Sie die Eier mit Zucker, Vanillemark, Zitronenschale und Salz über einem Wasserbad warm. Dann nehmen Sie die gemischten Zutaten vom Wasserbad herunter und schlagen diese wieder kalt.
Dann sieben Sie Mehl und Speisestärke und rühren beides in die Masse. Danach schmelzen Sie die Butter und ziehen sie warm (nicht heiß!) unter die Masse.
Fetten Sie eine ca. 30 cm lange Kastenform gut ein und bestäuben diese mit etwas Mehl. Dahinein füllen Sie den Teig und streichen die Oberfläche glatt. Dann backen Sie den Kuchen. Nach der Garzeit kontrollieren Sie das Ergebnis mit der Stäbchenprobe und geben gegebenenfalls noch einige Minuten Backzeit hinzu.
Anschließend lassen Sie den Kuchen auf einem Kuchengitter abkühlen und besieben ihn mit Puderzucker.

Temperatur: **160°**
Backzeit: **40–45 Minuten**

Schweizer Apfeltorte

(Zutaten für eine Porzellan-, Glas- oder Metallkuchenform mit einem Durchmesser von 28 cm, Rand 3 bis 5 cm hoch)

Zutaten

300 g Blätterteig
5 Goldreinetten (große säuerliche Äpfel)
3 Eier
3 EL Zucker
geriebene Schale einer Zitrone (ungespritzt)
gut 1/8 l Milch oder Sahne
eventuell Puderzucker

Zubereitung

Bestreichen Sie die Form mit Butter. Rollen Sie den Teig (fertig gekauft oder von Ihnen zubereitet aus Mehl, Butter, Wasser und Salz) kreisrund so aus, daß er etwas größer ist als die Form. Legen Sie die Form mit dem Teig aus. Ist es nötig, Teig irgendwo aneinander zu kleben, tun Sie es mit etwas Wasser. Schneiden Sie acht- bis zwölfmal mit einer Gabel in den Teigboden, damit der Teig glatt am Boden liegen bleibt und sich keine Blasen bilden.
Schälen und schneiden Sie die Äpfel in kleine Stücke. Belegen Sie den Teig kreisförmig mit den Apfelstücken. Stellen Sie die Form in den Backofen.
Vermischen Sie die ganzen Eier mit Zucker und der geriebenen Zitronenschale und gießen Sie dann die Milch oder die Sahne dazu. Gießen Sie dieses Gemisch nach 20 Minuten über die Äpfel. Lassen Sie die Torte weiter backen. Die Kruste wird hellbraun. Das Gemisch ist dann gestockt und fängt an, braun zu werden. Auch die herausragenden Äpfel sind braun geworden. Essen Sie die Torte so frisch wie nur möglich. Sie kann warm oder kalt mit Puderzucker bestreut serviert werden.
Sie können diese Apfeltorte auch auf dem Backblech zubereiten. Sie brauchen dann die doppelte Menge Blätterteig und ca. 8 Äpfel. Ob Sie auch mehr Eier, Zucker und Milch brauchen, hängt von der Höhe des Backbleches ab.

Temperatur: **225°, mit Unterhitze**
Backzeit: **30–40 Minuten**

Farbtafel VII: **Sandkuchen.** *Rezept auf Seite 55.*

Biskuitroulade oder Biskuitrolle

Zutaten

4 Eier
60 g Zucker
1 Päckchen Vanillezucker
75 g Mehl
50 g Maizena
1–2 EL Kirschwasser
ca. 1/2 Glas Marmelade,
Puderzucker
1 Prise Salz
eventuell Sahne

Zubereitung

Belegen Sie das Backblech mit Pergamentpapier (mit Butter eingefettet) oder mit Alufolie. Falten Sie die vier Seiten ca. 2 cm nach oben. Die Ecken werden so eingeschlagen, daß ein kleiner Kasten entsteht. Schlagen Sie alle Eier mit Zucker und Vanillezucker und Salz in einer Schüssel, bis die Masse fast steif ist. Im Wasserbad beschleunigt sich das »Dickwerden«.
Heben Sie das durchgesiebte Mehl vorsichtig und nicht länger, als unbedingt notwendig, unter die dicke Eiermasse und füllen Sie dann den Teig sofort in die Form.
Streichen Sie den Teig glatt. Schieben Sie das Backblech in den Backofen und backen Sie den flachen Kuchen in der angegebenen Zeit. Ein leichter Fingerdruck darf nicht mehr sichtbar bleiben, denn fertiges Gebäck ist elastisch. Bestreuen Sie ein Geschirrtuch oder ein Stück Alufolie mit gesiebtem Puderzukker und stürzen Sie den Kuchen darauf. Das vor dem Backen auf das Blech gelegte Pergamentpapier beziehungsweise die Alufloie ziehen Sie jetzt ab. Beträufeln Sie den Kuchen mit Kirschwasser und bestreichen Sie ihn mit Marmelade. Drücken Sie rundum die trockene Kante an und rollen Sie dann den Kuchen sofort fest auf, schlagen Sie ein Stück Alufolie herum und lassen Sie den Kuchen erkalten.
Sie schneiden die beiden Enden ab, bestreuen den Kuchen mit Puderzucker und servieren ihn in Scheiben geschnitten mit geschlagener süßer Sahne.

Temperatur: **175–190°**
Backzeit: **15–20 Minuten**

Pflaumenkuchen
(Hefeteig von 375 g Mehl)

Zutaten

1500 g Pflaumen (mit Stein gewogen)
100 g Zucker
25 g Haselnüsse, gemahlen, oder Semmelmehl

Zubereitung

Zunächst wird der Teig, wie zuvor beschrieben (»Hefekuchen auf dem Blech«), zubereitet. Danach wird der Belag vorbereitet.
Waschen und entsteinen Sie die Pflaumen. Drücken Sie die Pflaumen dann flach und schneiden sie an den Enden etwas ein.
Nun legen Sie die Pflaumen schuppenartig auf den mit Haselnüssen oder Semmelmehl bestreuten Teig.
Nach dem Backen streuen Sie Zucker über den Pflaumenkuchen.

Temperatur: **175°, eventuell Unterhitze einschalten**
Backzeit: **30–35 Minuten**

Plätzchen

Dank des Heißluftherdes ist die Zeit vorbei, da die Plätzchen Blech für Blech gebakken werden mußten. Ohne Schwierigkeiten können Sie zwei oder drei Backbleche gleichzeitig in Ihren Ofen schieben.

Jan Hagel-Plätzchen

Zutaten

Zutaten für ein Backblech
250 g Mehl
10 g Backpulver
1/4 TL Zimt
120 g Zucker
160 g Butter
Salz
1 Eidotter
1 bis 2 EL gemahlene Mandeln
1 bis 2 EL Hagelzucker

Zubereitung

Bestreichen Sie ein Backblech dünn mit Butter.
Bereiten Sie aus dem gesiebten Mehl, Backpulver, Salz, Zimt, Zucker und Butter einen Knetteig. Formen Sie einen Teigball. Lassen Sie, wenn nötig, den Teig fest werden. Rollen Sie den Teig zu einem Viereck aus (25×35 cm). Legen dieses Viereck auf das Backblech. Wie Sie sehen, ist das Backblech dann nicht ganz ausgelegt; die Ränder laufen während des Backens aber noch etwas aus.
Verdünnen Sie den Eidotter mit einem Teelöffel Wasser und bestreichen Sie damit den Teig. Streuen Sie die gemahlenen Mandeln und den groben Zucker darüber. Drücken Sie die Mandeln und den Zucker etwas an. Schieben Sie das Backblech in den Ofen und stellen Sie die Temperatur ein. Backen Sie den »Kuchen« in der angegebenen Zeit hellbraun. Schneiden Sie, sobald das Backblech aus dem Ofen kommt, zuerst die unregelmäßigen Ränder ab und teilen Sie dann den Rest in Rechtecke von 4×8 cm. Lassen Sie den geschnittenen »Jan Hagel« auf einem Tortengitter erkalten.

Temperatur: **ca. 160°**
Backzeit: **ca. 20 Minuten**

Baisers

Zutaten

Zutaten für ein Backblech
2 Eiweiß
80 g Puderzucker
1 Päckchen Vanillezucker

Zubereitung

Belegen Sie das Backblech mit Alufolie und bestreichen Sie diese mit Butter. Schlagen Sie das Eiweiß fest. Rühren Sie dann erst den Vanillezucker und die Hälfte des Puderzuckers darunter und dann den Rest des Zuckers. Schlagen Sie die Masse im Wasserbad so lange, bis sie so zäh ist, daß Sie sie praktisch »hochziehen« können. Spitzen Sie die Masse mit einer Garniertüte, oder legen Sie sie mit 2 Dessertlöffeln in Häufchen auf das Backblech.
Schieben Sie das Backblech in den Ofen und schalten Sie die Temperatur ein. Lassen Sie die Baisers austrocknen und fest werden bei niedrigster Temperatur.

Temperatur: **100°**
Backzeit: **30–45 Minuten**

Käsebällchen

Zutaten

Zutaten für 2 Backbleche
(ca. 125 Stück)
150 g Mehl
10 g Backpulver
150 g fein geriebener Käse
1/2 TL Salz
1/2 TL schwarzer Pfeffer
100 g weiche Butter
1 Eidotter

Zubereitung

Bestreichen Sie ein Backblech dünn mit Butter. Sieben Sie das Mehl mit Backpulver und mischen Sie es mit Käse, Salz und Pfeffer. Fügen Sie Butter und Eidotter zu und mischen Sie alles mit den Knethaken des Mixers. Der Teig ist ziemlich weich und daher schwer mit der Hand zu kneten. Formen Sie kleine Kügelchen, etwas größer als eine Haselnuß und legen Sie sie auf das Backblech. Schieben Sie die Käsebällchen in den Backofen und schalten Sie die Temperatur ein. Backen Sie das Käsegebäck in der angegebenen Zeit hellbraun und gar.

Temperatur: **160°**
Backzeit: **ca. 25 Minuten**

Kletskopjes

Zutaten

Zutaten für 3 Backbleche
25 g Mandeln
60 g Butter
150 g hellbrauner Zucker
50 g Mehl
1/4 TL Zimt
1 Prise Salz
2 TL Wasser

Zubereitung

Belegen Sie die Backbleche mit Alufolie. Legen Sie die Mandeln 3 bis 5 Minuten in kochendes Wasser, schälen Sie sie und hacken oder schneiden Sie sie in grobe Stücke. Zerlassen Sie die Butter in einer Stielpfanne, nehmen Sie die Pfanne vom Herd und fügen Sie zuerst Zucker, dann Mehl, dann Zimt, ein bißchen Salz, Wasser und die Mandeln zu. Fügen Sie, wenn nötig, noch einen TL Wasser zu. Die Masse muß so zusammenkleben, daß sie mit einem Teelöffel in Häufchen auf das Backblech gelegt werden kann. Teilen Sie die Masse in 3 Teile. Legen Sie nur 12 Häufchen auf ein Blech. Geben Sie jedem Häufchen mit der Rückseite des Löffels einen Patsch auf den Kopf (een klets od de Kop = kletskoppen). Die Plätzchen sind fertig, wenn sie völlig verlaufen und die Farbe von Karamel bekommen haben. Lassen Sie die Plätzchen auf dem Backblech abkühlen. Sind die erkaltet, können sie mühelos von der Alufolie heruntergenommen werden.

Temperatur: **175°**
Backzeit: **ca. 12 Minuten**

Kokosmakronen

Zutaten

Zutaten für 1 Backblech
150 g gemahlene Kokosflocken
120 g Puderzucker
geriebene Schale einer Zitrone (ungespritzt)
2 getrennte Eier
Oblaten

Zubereitung

Bestreichen Sie ein Backblech mit Fett und legen Sie es mit Oblaten aus. Oder legen Sie das Backblech mit Alufolie aus und fetten Sie sie mit Butter ein.
Vermischen Sie die Kokosflocken mit Puderzucker und der geriebenen Zitronenschale. Verrühren Sie die Eidotter mit einem Eßlöffel dieser Mischung. Schlagen Sie das Eiweiß sehr fest. Vermischen Sie Eiweiß, Eidotter und Kokosgemisch. Legen Sie nun walnußgroße Häufchen auf das vorbereitete Backblech und flachen Sie sie ein bißchen mit einem Löffel ab. Schieben Sie das Backblech in den Ofen und stellen Sie die Temperatur ein. Lassen Sie die Makronen in der angegebenen Zeit hellbraun werden. Lassen Sie sie einige Minuten abkühlen, bevor Sie sie vom Backblech nehmen.

Temperatur: **ca. 125°**
Backzeit: **ca. 30 Minuten**

Nußmakronen

Zutaten

Zutaten für ein Backblech
4 Eiweiß
1 Päckchen Vanillezucker, 140 g Zucker
140 g abgezogene Mandeln
100 g Nüsse, 70 g Zitronat

Zubereitung

Bestreichen Sie ein Backblech dünn mit Butter. Hacken Sie Mandeln, Nüsse und Zitronat grob. Eiweiß, Zucker und Vanillezucker rühren Sie in einer Schüssel über Dampf dicklich. Nüsse, Mandeln und Zitronat fügen Sie unter Rühren hinzu. Die etwas abgekühlte Masse setzen Sie als kleine Häufchen auf das Backblech.

Temperatur: **140°**
Backzeit: **20–25 Minuten**

Brote und Brötchen

Feine Frühstücksbrötchen (Farbtafel VIII)

Zutaten

500 g Mehl
30 g Hefe
1/4 l lauwarme Milch
50 g Butter oder Margarine
1 Ei
1 TL Salz
je 1 Messerspitze weißer Pfeffer und geriebene Muskatnuß
Margarine für das Blech
2 Eidotter
2 EL Milch
je 1 gehäufter EL Mohn, Kümmel und Sesamsamen

Zubereitung

Das Mehl in eine Schüssel sieben, in die Mitte eine Vertiefung drücken, die Hefe hineinbröckeln und mit der Milch ein wenig Mehl verrühren. Zugedeckt an einem warmen Ort 15 Minuten gehen lassen. Die Butter oder Margarine zerlassen und mit dem Ei und den Gewürzen zum Vorteig geben. Alles gut verkneten und den Teig so lange schlagen, bis er Blasen wirft. Vom Teig 40 g schwere Stücke abwiegen und mit bemehlten Händen Kugeln formen. 1–2 Backbleche mit Margarine bestreichen und die Brötchen in genügendem Abstand voneinander auf das Backblech legen. Mit dem Handballen etwas flachdrücken und zugedeckt nochmals 20 Minuten gehen lassen. Die Eidotter mit der Milch verquirlen und die Oberfläche der Brötchen damit bestreichen. Mit Mohn, Kümmel oder Sesam bestreuen und eventuell längs oder kreuzweise einschneiden.

Temperatur: **220°, vorgeheizt**
Backzeit: **ca. 20 Minuten**

Toast

Zutaten *Scheiben Weißbrot*

Zubereitung Schneiden Sie mit einem scharfen Messer die Krusten weg. Legen Sie das Brot auf das Backblech in einem vorgeheizten Backofen.
Lassen Sie die Schnitten schnell braun werden und nehmen Sie sie heraus, bevor sie hart werden.

Temperatur: **250°, vorgeheizt**
Backzeit: **ca. 3 Minuten**

Paniermehl

Zutaten *Weißbrotreste*

Zubereitung Legen Sie die Brotreste (Kruste, Brotschnitten, Brösel usw.) auf das Backblech. Schalten Sie die Temperatur ein und lassen Sie das Brot in der angegebenen Zeit austrocknen und hellbraun werden.
Drücken Sie die Brösel durch ein Sieb. Größere Brösel können Sie nochmals mit der Teigrolle bearbeiten.

Temperatur: **ca. 125°**
Backzeit: **ca. 60 Minuten**

Farbtafel VIII: **Die Abbildung zeigt ein Zwiebelbrot** *(Mitte),* **ein Fladenbrot** *(oben rechts),* **ein pikantes Bauernbrot** *(oben links)* **und verschiedene Frühstücksbrötchen.** *Rezepte auf den Seiten 63, 66, 67.*

Schwarzbrot

Zutaten

Zutaten für eine 2-Liter-Brotform
500 g Vollkornmehl
250 g Weizenmehl
15 g Salz
30 g Hefe
0,45 l Milch

Zubereitung

Bestreichen Sie die Brotform mit Butter oder Öl. Geben Sie das Vollkornmehl und das Weizenmehl zusammen in eine Schüssel. Vermischen Sie beides mit einem Schneebesen. Formen Sie eine Vertiefung in das Mehl und geben Sie das Salz, die Hefe in kleinen Bröseln und die erwärmte Milch unter ständigem Rühren hinzu. Rühren Sie solange, bis ein dicker Brei entstanden ist. Lassen Sie die Schüssel mit einem Tuch abgedeckt eine halbe Stunde stehen. Vermischen Sie dann alle Zutaten. Kneten Sie den Teig jetzt mit den Händen mindestens 10 Minuten, bis ein elastischer Teigball entstanden ist, der nicht an den Händen klebt. Sie streuen etwas Mehl in die Schüssel, legen den Teigball hinein und decken die Schüssel mit einem feuchten Tuch ab. Lassen Sie den Teig an einer warmen Stelle aufgehen, bis er sein Anfangsvolumen verdoppelt hat. Wenn Sie Ihren Backofen 10 Minuten auf 50° anheizen und dann wieder ausschalten, ist die Temperatur im Backofen ideal, um einen Hefeteig aufgehen zu lassen. Kneten Sie den Teig nach dem Aufgehen 5 Minuten durch. Formen Sie eine Rolle und legen Sie diese in die Backform. Stellen Sie die Brotform auf den Rost in den Backofen und lassen Sie den Teig 30 bis 40 Minuten gehen. Der Teig ist genügend gegangen, wenn ein leichter Fingerdruck langsam wieder verschwindet. Bestreichen Sie das aufgegangene Brot mit lauwarmem Wasser. Schieben Sie zu Beginn der Backzeit die Bratpfanne mit 1/4 l dampfend-heißem Wasser auf den Backofenboden. Backen Sie das Brot in der angegebenen Zeit braun und gar. Ein fertiges Brot sitzt lose in der Form und klingt stumpf, wenn man mit dem Finger daraufklopft. Nehmen Sie das Brot sofort aus der Form und lassen Sie es auf einem Tortengitter erkalten.

Temperatur: **ca. 220°**
Backzeit: **etwa 35 Minuten**

Zwiebelbrot (Farbtafel VIII)

Zutaten

500 g Roggenmehl
50 g Sauerteig (vom Bäcker)
ca. 1/2 l Wasser
10 g Hefe
1 gehäufter EL Salz
1/4 TL schwarzer Pfeffer
1 Messerspitze Kardamom
2 mittelgroße Zwiebeln
1 EL Margarine

Zubereitung

Die Hälfte des Mehls in eine Schüssel sieben und anwärmen. Den Sauerteig mit dem Wasser verdünnen, die zerbröckelte Hefe unterrühren und mit Mehl vermengen. Zugedeckt an einem warmen Ort über Nacht stehen lassen. Die Gewürze und das restliche Mehl unterkneten und den Teig so lange schlagen, bis er Blasen wirft. Die Zwiebeln schälen und fein hacken. Die Hälfte davon in der erhitzten Margarine anrösten und mit den rohen Zwiebeln unter den Teig kneten. Zu einem länglichen Laib formen und auf ein bemehltes Backblech legen. Nochmals 15 Minuten gehen lassen. Mit Wasser bestreichen, mit Mehl bestäuben und mit einem Messer mehrmals schräg einschneiden.

Temperatur: **225°, vorheizen**
Backzeit: **ca. 50 Minuten**

Fladenbrot (Farbtafel VIII)

Zutaten

500 g Roggenmehl, Type 815
100 g Weizenmehl, Type 550
1 Päckche Trockenhefe
1/4 l warmes Wasser
je 2 EL Kümmel un Koriander
2 schwach gehäufte EL Salz
Mehl

Zubereitung

Das Mehl mischen, in eine Schüssel sieben und in die Mitte eine Vertiefung drücken. Die Hefe in der Hälfte des Wassers auflösen, in die Vertiefung gießen und mit etwas Mehl verrühren. Zugedeckt an einem warmen Ort 30 Minuten gehen lassen. Die Hälfte der Gewürze und das restliche Wasser dazugeben und von der Mitte aus alles gut verkneten. Zugedeckt nochmals 15 Minuten gehen lassen. Zu 2 Fladen formen, auf ein bemehltes Backblech legen und zugedeckt weitere 10 Minuten gehen lassen. Die Oberfläche mit Wasser bestreichen, mit Mehl bestäuben und mit den restlichen Gewürzen bestreuen.

Temperatur: **200°, vorgeheizt**
Backzeit: **ca. 35 Minuten**

Pikantes Bauernbrot (Farbtafel VIII)

Zutaten

500 g Roggenmehl
50 g Sauerteig (vom Bäcker)
ca. 1/2 l Wasser
10 g Hefe
100 g durchwachsener Speck
1/2 EL Salz
100 g geriebener Emmentaler
50 g geschälte, gehackte Mandeln
1 EL gehackte Petersilie
Mehl

Zubereitung

Die Hälfte des Mehls in eine Schüssel sieben. Den Sauerteig mit dem Wasser verdünnen, die Hefe hineinbröckeln und verrühren. Das Mehl untermengen und zugedeckt an einem warmen Ort über Nacht stehen lassen. Den Speck würfeln und mit dem Salz, dem Käse, den Mandeln, der Petersilie und dem restlichen Mehl unter den Sauerteig kneten. Zu einem runden Laib formen und auf ein bemehltes Backblech legen. Die Teigoberfläche mit Wasser bestreichen und mit Mehl bestäuben.

Temperatur: **220°, vorgeheizt**
Backzeit: **ca. 70 Minuten**

Korinthenbrot

Zutaten

Zutaten für eine 2-Liter-Brotform
500 g schöne Korinthen
knapp 400 g Weizenmehl
20 g Hefe
1/4 l Milch
1 TL Salz
1 TL Zimt
30 g weiche Butter
3 TL Zimt
3 EL Zucker

Zubereitung

Bestreichen Sie die Brotform gut mit Butter. Übergießen Sie die Korinthen zum Quellen mit kochendem Wasser. Nach einer halben Stunde geben Sie die Korinthen in ein Sieb zum Abtropfen. Sieben Sie die Hälfte des Mehls in eine Schüssel und formen Sie eine Vertiefung und geben Sie die Hefe in kleinen Flocken hinein. Gießen Sie unter ständigem Rühren die lauwarme Milch in die Schüssel und rühren solange, bis alles Mehl aufgenommen ist. Rühren Sie noch 5 Minuten weiter. Lassen Sie die Schüssel dann, abgedeckt mit einem Tuch, an einer warmen Stelle stehen. Ziehen Sie dann das Salz, 1 TL Zimt und die weiche Butter darunter. Die Korinthen werden in den noch weichen Teig eingearbeitet.
Geben Sie schließlich soviel Mehl zu (150 bis 200 g), daß das Rühren mit einem Löffel nicht mehr möglich ist. Schöpfen Sie die Hälfte des Korinthenteiges löffelweise in die Form. Mischen Sie 3 TL Zimt mit 3 EL Zucker. Streuen Sie diesen »Zimtzucker« auf den Teig. Dann geben Sie den Rest des Teiges in die Form und drücken ihn mit einem Löffel gut an.
Stellen Sie die Form auf den Rost im Backofen. Schalten Sie die Temperatur 10 Minuten auf 50°. Die Temperatur im Backofen ist dann genau richtig, um den Teig aufgehen zu lassen. Schalten Sie, wenn der Teig bis an den oberen Rand der Form aufgegangen ist (nach ca. 30 Minuten) die Backtemperatur ein und backen Sie in der angegebenen Zeit gar und braun. Kontrollieren Sie mit einem Holzstäbchen, ob das Brot gar ist. Nehmen Sie das Brot sofort aus der Form und lassen Sie es auf einem Tortengitter abkühlen.
Schneiden Sie das Brot erst nach 12 Stunden an.

Temperatur: **ca. 150°**
Backzeit: **50–60 Minuten**

Rezeptverzeichnis